U0935198

谁说本科生找不到好工作

Ways To Deal With Job Hunting

卡　玛 著

中国青年出版社

序

最近，卡玛送给我一本书，让我给写序。我从来没有做过这样的工作，但我很愿意为这本书写序。这本书填补了我们学校教育中的一个空白。当我在美国读商学院的时候，还没有开学，学校就开始教我们怎样找工作了。但在我们国家的学校里，往往到毕业，不少学校还没有开始教学生怎样面对工作市场。一本书是不能全面解决这个问题的，但却是脚踏实地的第一步，对很多学生来说，是一个福音。我希望我毕业的时候有一本这样的书就好了，可惜卡玛晚生了很多年。

这本书的结构也很好，有求职者的案例自述，有针对性的经验总结，有用人单位的访谈，可以让求职的学生能够从不同的角度看待问题，得出更全面的结论。

另外，最近很多年轻的朋友问我一些找工作的问题。“为什么有的同学学习成绩不如我，但找到的工作却比我好？”“为什么我觉得很好的工作，进去了却变得这么无聊？”我上一次找工作也就是五年前的事，后来又做了几年老板，能够切实地感受到坐在面试桌两边的心情。这些问题让我觉得有必要把我的一些理解在这里和大家分享。

第一个问题，为什么学习成绩不好的学生能够找到好工作。我觉得问这个问题就体现了我们教育中一个巨大的问题：过于重视教书，但却忽视了教学生怎样做人，尤其是忽视了教学生一些在社会中健康成长并充分发挥才干所必需的技能。其中一个最重要的能力就是从别人的角度去考虑问题，而不是从自己的角度考虑问题。这个问题对一些独生子女来说，就更突出了。比如，有这个问题的同学，你们是否考虑过，公司招聘中，到底需要什么样的人？你的成绩对于一个公司来说，意味着什么？从这个角度看问题，就很容易理解，对于某些技术性岗位，学习成绩相对更重要一些，而有的岗位就不是那么重要了。但是，如果你进一步从用人单位的角度考虑，你会发现，通过面试了解一个人很难，而所毕业的学校和学习成绩提供了一个简单有效的甄别手段。你如果理解了这个问题，那么能否找到一些更有针对性的解决方法，比如竞赛奖、一些证书、一些暑期工作经验？当你学会从用人单位的角度看待找工作的全过程，你的进步会是飞速的，你对这本书里提供的各类建议就有更深的理解了。

第二个问题，为什么好工作会变得无聊了，则体现了一个更深层次的问题：你知道你想要什么吗？英语有一个说法：Be careful what you wish for! 意思就是说，许愿的时候小心点，因为你的愿望可能变成现实，但那个现实是你真正想要的吗？很多人随大流，出国、加入外企、争夺所谓最好的工作。但是，如果你到大学毕业时，连自己一辈子真正想要什么都没有仔细想过，你怎么知道自己的努力是在朝一个正确的方向呢？一个简单的方法看你是否对一个工作感兴趣：找有经验的人，把工作的缺点全列出来，然后把最坏的结果列出来。拿回家，晚上对着这个列表看，假设这就是你得到的结果，如果你仍然不后悔，那么这可能真的是你想做的事情。我可以向你保证的是，你最坏的假设往往比现实还是要好一些。但是你如果真的想做这个事情，能够坚定地面对困难，知难而上，那么度过困难后的结果，比你最好的假设往往也要好不少。

最后再给大家两点建议：一，选公司很重要，但更重要的是选老板。同一类的公司往往有很大的相似性，但同一个公司内，不同老板的差别是巨大的。公司之间排名差几位对一般的人来说是没有区别的，但你的老板，尤其是直接老板将决定你的发展空间。所以，在最终决定工作之前，最好见一下你的老板。二，把找工作当成是一个人心灵成长的过程。阿里巴巴董事局主席马云说过：男人是冤枉大的。孟子也是把“苦其心志”作为“天将降大任于斯人也”的首要条件，而身体的吃苦反倒是其次。这对现在的年轻人尤其重要。

钱　江

钱江，中国最大的严肃婚恋交友网百合网的创始人之一，曾在麦肯锡北京分公司担任资深咨询顾问

目录

CONTENTS

简历篇

成也简历，败也简历

> ⊙ 一份简明扼要、条理清晰的简历至关重要
>
> ⊙ 一个高起点会让自己的职业生涯有一个良好的开端
>
> ⊙ 清晰了解自己的能力并相信自己，坚持找到一份和自己能力相匹配的工作

求职者档案：

王建平，男，23 岁，四川巴中人，2006 年 6 月毕业于北京邮电大学通信与信息工程专业，2006 年 6 月进入摩托罗拉中国有限公司担任软件工程师。

我们快毕业的时候，同学之间都在相互传，说什么今年的就业形势不乐观啊什么的，一时间人心惶惶，但是我当时的心态还好，因为我们这个专业还是不错的，不担心找不到工作，担心的是找不到让自己满意的工作。我当时的目标非常明确，就是去外企，因为外企除了待遇比较好以外，还有出

国的机会，有比较好的发展前景，最重要的是可以和世界一流的工程师共事，可以学到更多的东西。

刚开始找工作的时候，是3月份，我有点像无头苍蝇似的，哪儿招人就往哪儿跑，像工体啊，农展馆啊，我都去过。后来我发现根本就没什么用，因为人才市场存在两个问题，第一是职位不好，第二是人太多，你的简历投出去就被淹没了，事实上好多公司去人才市场，并不是为了招人，而是为了宣传自己的公司。

后来我都是在网上找招聘信息，上得最多的是智联招聘网，发现合适的工作，就投一份简历。陆陆续续也接到一些公司的面试通知，但是都不是我所期待的那种大公司，我的面试成绩都不错，大部分公司都给我发来了录用通知，可是我自己很不满意。

那时候已经是5月份了，身边的同学大部分都已经确定了工作单位，天天都听到谁谁找到了一个月薪8000的工作这样的消息，只有我的去处没有着落，我真的有些慌了。父母打电话来，总要问起工作的事情，虽然他们都安慰、鼓励我："别着急，爸爸妈妈都相信你。"但是我能够感觉到他们内心对此是非常焦虑的，他们越是这样，我就越是感到压力，这种压力让我产生了逃避的念头，那段日子我经常躲在宿舍里玩电脑游戏，也经常一个人在深夜的操场上游荡，孤魂野鬼一样。

当时我面临这样一个选择：要么去一家自己不满意的公司，先解决就业问题；要么继续等待、寻找，坚持等到一家自己满意的公司。老师们也开始劝我，说什么先就业后择业啊，那个时候心里也开始怀疑自己，自己也许真的没有自以为的那么好。我冷静、客观地分析了一下，将自己和那些已经找到不错工作的同学作了一下比较，认为自己和他们并没有什么差距，甚至在有些技术方面我是比他们强的，分析之后，我决定还是应该再坚持一下——毕竟起点还是很重要的。

我开始找原因，但是一点儿头绪也没有。后来，在一个偶然的机会里，我看见了一位求职成功的同学的简历，他的简历非常简洁明了，做过什么一目了然，我恍然大悟：问题就出在简历上。事实上我从大三开始就出去做兼职，实际工作经验还是很丰富的，但是这一点在我的简历上并没有清晰的体现，我只是简单地说一下：从什么时候到什么时候，我做过什么项目。很笼统，而且条理不够清晰。要知道用人单位筛选简历的时候，都是很快地扫一下，在这匆匆一瞥里，他如果不能从你的简历上看到一些他所需要的信息，那么你也就失去了一个面试的机会。

我开始着手修改自己的简历，我发现修改简历的过程也是一个认识自己的过程。一开始我总以为自己没有什么好说的，人就是这样，会者不难难者不会，比如一种技术，你掌握了以后，或者一个项目，你完成了以后，就会觉得这没有什么了不起的，不值得写在简历上，可是没准你所掌握的这种技术正是用人单位所需要的。后来还是我的一个同学帮我理了理，这一理发现其实这两年我还真的做了四五个项目。

我将自己所做的项目，以及自己在这个项目中所承担的具体工作、所涉及的技术，一条一条全部列出来，每一条都不超过 20 个字，有很多关键的专业名词。事实证明，后来摩托罗拉的面试官决定给我参加面试的机会，就是因为他们在我的简历上看到我提到会使用一种软件代码管理的工具，他们很高兴："啊，他懂这个，我们正需要这个。"

大概反反复复经过了三四次修改之后，简历的作用就发挥出来了，效果非常明显——一些以前我投过简历但没有搭理我的公司都纷纷向我抛来了橄榄枝，比如爱立信和摩托罗拉。

在爱立信的笔试我的成绩是非常靠前的，但是面试失败了，我认真反省了一下，觉得面试失败的原因就是一个问题没有答好。当时面试官问了我这样一个问题："如果你没有得到这份工作，你会怎么样？"我不知道当时是怎么回事，没经过大脑就说："没关系，我想我能够平静面对。"事后想想这个回答真够愚蠢的，因为这样显得我很无所谓，谁会招一个不珍惜自己职位的员工呢？其实最好的回答是："我想我会非常遗憾和难过，因为我真的很喜欢这份工作。"找工作就是这样，也许你的各方面已接近完美，但是一个小小的细节就可能使你全军覆没。

摩托罗拉的三轮面试是在一天里完成的。第一轮很简单，主要是通过简历看看我有没有相关的工作经验，这方面我没什么问题，因为上大三的时候，我就开始觉得死读书没什么意思，也没什么挑战性，想到社会上去看看，当然也是想挣些钱吧，所以我就出去做兼职了，当时也没有想那么多，但是实际找工作的时候，这一点的确给予了我很大的优势。

我很顺利地就进入了二试。二试是比较关键的一环，我的面试官是两个外国人，一上来就说英语，害得我有些紧张，不过我还是能勉强听懂他们的话，主要就是问我一些技术问题，问得非常细非常专业，或许有过一些实际工作经验吧，这些问题基本上也没有难倒我。三试是人力资源部门进行的。

三试之后，我的感觉并不是太好，主要是三试时的那个面试官太厉害了，问的许多问题我都不知道该怎么回答，比如他问我："如果你来我们公司，你觉得你能给我们创造什么价值？"我想了想，我哪知道能给他们创造什么价值啊，所以我说："事实上我现在还不知道，我只有等加入你们公司以后才知道。"当时人家让我回家等通知，我等了一个星期，就有些沉不住气了，每一分钟对于我都是煎熬，当时真的是急了，因为当时已经是6月份了，如果再找不到工作，我也得离开学校了。我就打电话给摩托罗拉的人力资源部询问结果，人家让我再等等。过了两天，我又一次打电话过去，对方问了我的名字以后，让我等一下，说帮我查一下。当时我真的非常紧张，有一瞬间失败的预感已经非常强烈，可是我听到了这样的声音："王先生，你被录用了，非常高兴你能加入摩托罗拉！"天哪，我真的太开心了，从小到大都未有过的开心，在心里压了快半年的一块石头终于放下了。我立即打电话将这个好消息告诉父母，又打电话约朋友出去吃饭，我太开心了！

回顾自己的求职历程，我觉得最关键的还是我在最怀疑自己的时候没有随随便便找个公司就去上班，而是能够冷静下来，客观地分析自己，重新树立起对自己的信心，坚持要等到一个自己喜欢的工作，而希望，往往就藏在人生的拐角处，你只有走过去，你才能看到。

* 一份简明扼要、条理清晰的简历至关重要。
* 和面试官交流时，目光正视对方，把自己放在一个与其平等的位置上，要显得胸有成竹、落落大方。但不要表现得很张扬很自负很有个性，不要夸夸其谈，尤其是应聘技术人员的职位，要给面试官一种踏实的感觉。
* 面试官会问你一些专业性的问题，如果你会，你就清清楚楚地给他列出来；如果你不会，你就老老实实说自己不会，不要不懂装懂，那样只会把自己陷进去，因为你不可能蒙过面试官。
* 回答面试官的问题时，不要不假思索地脱口而出，最好能思考五秒钟再答，因为这样显得你

很稳重、可靠，不轻率。

* 面试时，可以向面试官要名片或者电话，最好能够让面试官记住你的名字。通常面试结束后，对方会让你回家等通知，过了一个星期后如果还没有得到录用消息，你最好打电话询问面试官，这样可以表现出你对这份工作的急切渴望，假设你和另一个人的条件相当，但是你打了这个电话而另一位没打，很可能你会因此获得这份工作。

* 面试时，面试官除了问你一些专业问题外，还会问你一些“软性”问题，诸如“你现在有没有男（女）朋友？”“你有什么业余爱好？”“你大学期间做过的最失败的一件事情是什么？”之类的问题，问这些问题的目的，是想更立体地了解你这个人。你要让面试官觉得你是一个很合群、易相处、很有组织能力、很有生活情趣、对人生持有乐观积极态度的人，而且你非常喜欢、需要这份工作。

我给在校大学生的建议

1. 选择实习单位时，不要太看重薪水，而是要尽量选择去一些大公司实习，因为大公司的各方面都比较完善和正规，你可以学习到工作流程、眼界、工作理念、与人沟通的方式等，这对你今后的工作是非常有帮助的。
2. 在校期间，如果可以，多做一些社会兼职，有实际工作经验通常是招聘方最为看重的，这一点从我们班同学的就业情况就可以看出来，那些学习很好但是没有出去实习的同学，找到的工作反倒没有那些在校期间学习不是特别好但是有工作经验的人好。而且通过兼职，你可以了解自己的能力究竟怎么样，这个行业的行情究竟怎么样。
3. 在校期间，不要光顾着学习专业知识，应该多参加一些学生工作，锻炼自己与人沟通的技巧；也可以学习一些自己喜欢的东西，比如吉他、舞蹈等等，因为这些可以帮助你成为一个丰富的有情趣的人，美国公司尤其看重这一点，他们往往并不要求员工是一个在专业上多么拔尖的人，但希望员工是一个很全面、平衡的人。

专家访谈：
没有最好的简历，只有最合适的简历

受访者：北京掌中无限信息技术有限公司人力资源部主管丘文娟女士

卡：您平时在筛选简历的时候，通常什么样的简历会首先进入您的视线?

丘：基本上我在看简历以前,会看一下职位说明书,了解这个职位岗位要求是什么,需要的专业技能大概是什么,然后就对号入座。平均一天我要看几百份简历,这样分配给每一份简历的时间就很短,一般一份简历也就是看30秒左右,如果在这30秒的时间里我能在你的简历里看见这个职位所需要的东西,我就会将这份简历作为一个备选。比如我要招一个活动策划,那你的简历里正好写到你在学校里做过什么活动,有一些案例,那我就觉得这个不错,初步的一个筛选我就把你列进来了。但是有的简历看了一眼，一二三四五点都沾不上边的,那我当场就刷掉了。

卡：什么样的简历算得上一份好简历?

丘：其实没有最好的简历,只有最合适的简历,你的简历里所体现的东西正好符合我们的职位要求，那我肯定会有兴趣。假设我这个职位只需要一个很初级的人才,他只要会简单的一些技能就行了，但是你很厉害，你会很多技能，那我会觉得你来了对你的才能也是一种浪费，我也给不了与你的能力相匹配的薪水。所以这就要求求职者对自己有一个清晰的了解，不要应聘超出自己能力的职位，但是也不要选择那些会委屈自己才能的职位。

卡：您在筛选简历的过程中，发现现在的大学生在简历方面最突出的问题是什么？

丘：最突出的问题就是太长了，一般学生在递上简历的同时还会附上一封求职信，我觉得他们无论是简历还是求职信，都太长了。求职信三五百字就差不多了，其实求职信写不写关系不大，即使写，也不要超过五百字，简历一页半或者一页就可以了。还有一个突出的问题就是没有重点，我们最喜欢看到的简历就是把你的基本信息、毕业院校、实践背景、工作背景、专业特长说清楚就行了。有些学生会把自己历年的成绩都写上去，看得人很累，我们其实不会太在意你在学校里成绩怎么样，你只要没受过重大处分就可以了。

其次我还要提醒那些应聘的大学生，我们看了你的简历以后，觉得你不错，电话通知你来面试，这也是比较重要的一关，如果你接电话时表现得没有礼貌，或者你在一个很嘈杂的地方，比如在K歌厅这样的地方接电话，会非常不好，适当的做法是你可以说：很抱歉，我现在不方便接电话，稍后我再给您打过去行吗？这样会好一点。这可以反映一个人的基本素质。其次我们会从你的语音语调上感受到你的精神面貌，有的人接电话时无精打采懒洋洋的，会给我们很不好的印象，你应该给我们一种你很渴望这个工作的感觉，至少应该表现出一种积极的态度。

卡：简历可以造假吗？

丘：是这样，我觉得适当的美化自己、夸张一些甚至撒些小谎都是可以的，比如你应聘活动经理助理这样一个职位，你可以撒谎说你在学校里组织过类似的活动，但前提是你必须真的了解这个活动的流程，否则一问，你就穿帮了。但是凡事都要有度，你不能吹得太不着边际了，现在我们都是很重视背景调查的，很多东西都可以在网上查到，如果发现你撒谎，那对你这个人的第一印象肯定会大打折扣。

卡：现在有很多大学生会在简历的设计制作上花很多心思和金钱，希望自己的简历在外观上能够在一大堆的简历中脱颖而出，您认为有这个必要吗？

丘：我觉得完全没有这个必要。

附：不合格的简历样本及点评：

李力应聘北京××信息技术有限公司“技术研发部开发工程师”职位

尊敬的领导：

您好！

我是一名刚刚毕业的本科毕业生。我很荣幸有机会向您呈上我的个人资料。为了更好地发挥自己的才能,谨向各位领导作一下自我推荐。

我校的信息与计算科学专业主要以数学和计算机为主，注重培养数学思想，为工科（计算机、通信类）服务，同时为以后继续深造考研打下坚实的基础。数学方面开设课程有：数学分析、常微分方程、解析几何、概率论与数理统计、近世代数、运筹学、数学建模、大学物理等。经过老师的指导和我的刻苦钻研，我已经形成了别具一格的数学思维方式。计算机方面开设课程有：Java 语言、C 语言、数据结构与算法分析、计算机图形学、Photoshop、Autocad、计算机辅助设计等。我已通过国家计算机等级 Java 考试二级。我可以对具体事物进行分析抽象出数学模型，然后独立地用计算机语言编写出一般程序将问题解决，精通 Java 语言。

辅修第二专业工商管理，主修课程有：管理学、市场营销、统计学、西方经济学、财务管理、会计学、人力资源、信息技术等。通过我对这两个专业的学习，我认为它们之间都是融会贯通的，精深的数学思维附以经济学、管理学的思想，加之对市场的了解，一定可以以最低的成本创造出最大的价值。因为：$E=mc^2$。

美好的大学生活培养了我科学严谨的思维方法，更造就了我积极乐观的生活态度和开拓进取的创新意识。课堂内外拓展的社会实践、扎实的基础知识和开阔的视野，使我更了解社会。在不断的学习和工作中养成的严谨、踏实的工作作风和团结协作的优秀品质，使我深信自己完全可以在岗位上守业、敬业，更能创业！我相信我的能力和知识正是贵单位所需要的，我真诚渴望能为单位的明天奉献自己的青春和热血！

我个性开朗活泼，兴趣广泛；思路开阔，办事沉稳；关心集体，责任心强；待人诚恳，工作主动认真，富有敬业精神。在四年的学习生活中,我很好地掌握了专业知识,学习成绩一直名列前茅。在学有余力的情况下,我阅读了大量专业和课外书籍，并熟悉掌握了各种设计软件。

自荐书不是广告词，不是通行证。但我知道：一个青年人，可以通过不断的学习来完善自己，可以在实践中证明自己。尊敬的先生/小姐，如果我能喜获您的赏识，我一定会尽职尽责地用实际行动向您证明：您的过去，我来不及参与；但您的未来，我愿奉献我毕生的心血和汗水！再次致以我最诚挚的谢意！

此致

敬礼！

李　力

2006 年 7 月

个人简历

个人概况

姓名：李力　　性　　别：男

籍贯：湖北　　出生年月：1984 年 1 月

学历：本科　　毕业学校：北京××大学

手机：138×××××××　　工作年限：应届毕业生

Email：li××@163.com　　住址：北京海淀区××路×××号

求职意向

.net 开发工程师

教育背景

2002/09—2006/07：北京××大学信息工程学院信息与计算科学专业

主修课程

Java 语言、C 语言、数据结构与算法分析、计算机图形学、Photoshop、Autocad、计算机辅助设计、电子商务模拟、技术经济与企业管理，历次考试均为班级前 5 名。

个人能力

1. 精通.NET FrameWork，ASP.Net，ADO.Net，C/C++ 、

Java Script 脚本语言；

2. 掌握 Data Structure (数据结构) 和 Algorithm (常用算法)；

3. 精通.NET 框架下的 C# 编程：Windows 应用程序，Web 应用程序，Web Service，.NET Remoting ，ADO.Net，XML 编程，BizTalk Server；

4. 熟练应用.NET 集成开发环境 (IDE) Visual studio 2003 进行 Windows Form 及 Web Form 应用程序的开发；

5. 掌握 SQL Server 2000,精通 T-SQL 语言，数据库编程，数据库的设计和优化，Stored Procedure 和 Trigger；

6. 熟悉 TCP/IP，UDP，SMTP ，MIME，SOAP 等网络协议，并能熟练进行 Socket 编程；

7. 熟练掌握多线程的概念和多线程（Multithread）编程；

8. 熟练掌握设计模式有：单件模式（Singleton），工厂模式（Factory），观察者模式（Observer），桥模式（Bridge），数据适配器模式（Adapter）等；

9. 熟练掌握面向对象的软件分析、设计方法 OOA、OOD，OOP；

10. 了解 UML 语言及相关工具：MS Visio；

11. 熟悉 AJAX ，页面无刷新技术；

12. 了解 COM+ Service。

社会实践

1. 2006/02-2006/05 毕业设计： 用 ASP.NET 和 SQL

Server 开发网上商城系统；

2. 2005/12 计算机控制系统：玻璃窑炉料道恒温计算机控制系统,利用 8051 单片机及 A/D,D/A 转换电路对窑炉料道进行数字 PID 控制；

3. 2005/06 微机原理课设：统计学生成绩的软件编写（汇编语言）,编写友好的人机界面进行学生成绩录入以及按需要进行排序显示；

4. 2005/01 电子工艺实习：动手制作交流变压充电器和小型收音机；

5. 2004/12 数字电子电路课设：完成电子秒表的硬件电路设计,利用仿真软件 Multisim 设计计时并记录三次成绩的数字 LED 显示电路；

6. 2004/06 模拟电子电路课设：完成交直流转化的硬件电路设计；

7. 2004/06 金属工艺实习：进行数控切割机床的操作及各种机床的使用法。

自我评价

勤奋好学，能吃苦耐劳，责任感强，具有较强的自学能力、适应能力和动手能力，具有良好的团队合作精神。

人力资源部点评：

1. 通观整份简历，主次不明，虽技能方面与公司发布招聘信息中的职位说明比较相符，但明显存在大量的夸大自我能力的介绍，总体感觉不佳，正常情况下，该简历将会在 20 秒之后退出视线。

2. 长篇累牍的“自荐信”，务虚成分过多。

3. “个人能力”一项夸夸其谈，体现出应聘者较差的诚信度。

4. “社会实践”一项中内容基本与招聘职位无关，吸引不了眼球。

合格的简历样本及点评：

赵媛应聘北京××××信息技术有限公司“市场推广部——活动项目策划主管”职位

个人简历

基本资料

姓名： 赵媛

性别：女

年 龄：22 岁

户口所在地：北京

自我评价/职业目标

自我评价：较强的文案撰写能力，擅长撰写情感类、新闻类文章。

较强的活动策划能力，曾负责北京、上海两地活动策划工作，并与企业联谊完成大型活动策划案。

较强的创意构想能力，笔锋犀利，思维活跃，策划案例亮点突出。

求职意向

工作经验：2 年以下工作经验

期望薪水：面议

期望从事行业：广告·会展·公关

娱乐·运动·休闲

旅游·酒店·餐饮服务

互联网·电子商务

媒体·出版·文化传播

期望工作性质：全职

到岗时间：1 周以内

期望工作地区：北京

工作/实践经验

上海×××信息科技有限公司

公司简单描述：××××交友网站（上海×××信息科技有限公司）是目前国内规模较大的交友网站，为天下优秀独身青年男女提供婚恋信息服务。

公司性质：私营.民营企业

公司规模：50—99 人

2006 年 10 月—2007 年 6 月：活动策划/活动部

工作地点：北京市海淀区××路××号 ××××大厦××层××××

直接下属人数：0 人

工作职责和业绩：

工作职责：

1. 负责××××网站北方 11 个城市的定期主题活动文案、策划以及执行工作。

2. 与企划部配合负责网站活动策略及实施。

3. 负责维护北方媒体关系、媒体外联、媒体新闻稿件的撰写等工作。

4. 协助外联网站的广告招商、活动赞助等业务，发展公司新的赢利模式

5. 与商务部配合整合公司会员资源，维护合作伙伴关系。

工作业绩：

1. 在半年的时间内，将××××的会员活动城市从 5 个扩充到 11 个，合理地制定各城市的活动排期，注册量达 4000 人以上的城市迅速递增。

2. 提出分区域联动的活动策划概念，解决单一城市注册量少、活动不易组织等特点，划分为华北区、东北区、中南

区以同一主题不同期的形式，采用巡展的形式带动新增城市的活动，扩大活动影响力，提高会员信任度。

3. 维护北京、上海、××、××、××五城市媒体关系，为公司的大型活动争取曝光度，并与媒体合作开展征文、选秀等相应的活动，与××晚报、×××电视台、××卫视、××网建立了长期的合作关系。

4. 在职期间重新整合××××公司的企业理念，并独立撰写名人×××的个人采访稿件，熟悉新闻通稿等公关文稿的格式。

5. 在职期间成功开展了公司的对外合作工作，与××公园、高新技术产业区以及餐饮业首次开展了户外交友的活动模式。

6. 负责××××网站的网站改版、创新、广告赞助等业务开展，并独立撰写“心理测试”等板块的编辑内容。

7. 列举策划案

《“呐喊我的爱情宣言”××卫视专访》

（合作媒体：××栏目）

《“水晶之恋”××公园专场交友活动》

（合作单位：××公园）

《××贵宾室——××小型活动板块策划书》

《××虚拟产品策划方案》

离职/换岗原因：毕业离校

教育背景

2005 年 2 月—2007 年 2 月 ××大学

广告学　新闻传播学类　本科

成人高考续本

2003 年 9 月—2006 年 7 月 北京××学院

广告策划与设计　艺术类　本科

培训经历

2006 年北京××计算机学校 平面设计师资格认证

培训时长：1 年　　获得证书：平面设计师资格认证

外语/方言

英语等级：大学英语考试四级

英语口语水平：一般

四级 510 分

其他信息

兴趣爱好： 写作、音乐、运动

人力资源部点评：

1. 通观整份简历，思路清晰，重点突出，与公司发布招聘信息中的职位说明基本吻合，总体感觉比较合适。

2. 中肯的“自我评价”，求职意向清晰明确，符合岗位需求。

3. “工作/实践经验”条理性非常强，其中，曾就职单位信息、工作职责、工作业绩阐述得很好，尤其是列出真实的典型案例，充分体现出应聘者良好的实践背景。

4.“教育背景”和“培训经历”两项，能看出应聘者专业比较对口，虽不是名校出身但具有良好的学习能力，不难预测应聘者今后的职业发展。

5.“外语能力”虽一般，但达到岗位要求。

6.“其他信息”体现出应聘者开朗、外向的性格，符合岗位要求。

实习篇

实习，是一个完善自我的过程

⊙ 尽早开始实习

⊙ 把实习当做一个锻炼、完善自我的机会

⊙ 踏踏实实做事情是最重要的

求职者档案：

张蕾，女，22岁，北京人。2007年6月毕业于中国人民大学财政金融学院金融学专业，2007年6月进入戴姆勒·克莱斯勒（中国）投资有限公司中国区投融资部工作。

上大学的时候，我挺不爱参加社会活动的，每天除了学习，就呆在家里玩电脑，或者去学学拉丁舞。这样到了大三的时候，我开始考虑找工作的事情了，去报了一个求职培训班，就是教你怎么写简历怎么面试，结果我发现自己有很多的问题，最直接的，就是让我举一个团队合作或者社会实践的例子，我根本就举不出来。后来老师对我说虽然我的课业成绩很优秀，但是没有社会实践是我的硬伤，必须尽快弥补这一欠缺。这样我就想到去实习了，当时我们班上基本上没什么人出去实习，我算是比较早的。

我的第一个实习单位是安永华明会计师事务所，世界四大会计师事务所之一，是很多学金融的学生所向往的。获得这个实习机会的过程非常顺利，基本上算是免试进入的，这主要是因为我的课业成绩非常优秀，排在我们班第一，而且连续三年获得人民大学学习优秀奖学金，有一些单位之所以愿意招一些还没有毕业的大学生做实习生，其实最根本的目的就是为了先把那些比较优秀的学生先抢到手，我可能也是属于“比较优秀的学生”之列吧。

在安永时我的职位是审计，其实更多的时间我就是在打杂，帮同事订盒饭啊影印文件啊，我开玩笑说自己是“影后”，不过做这些事情时我也没有什么抱怨，总觉得自己是新人，多承担一些杂事是应该的，所以每天还是高高兴兴地去上班。唯一让我有些不高兴的就是和我在同一组的一位实习生，怎么说呢，她是属于那种非常会表现自己的人，用北京话说就是特别会来事儿，比如说我们每次去领导那里领任务的时候，她总是抢着去领，其实领回来以后她干得特别少。我在干活的时候，她在和别的同事聊天，讨好每一个人，夸人家漂亮啊厉害啊有本事啊，基本上百分之八十的工作都是我做的。但是等到去交活儿的时候，她又抢着第一个去，在领导面前滔滔不绝说很多，这样就给人感觉这个任务好像主要是由她来完成的，说实话我实在看不惯她，但是也懒得去计较。本来我以为她一定会拿到录用通知的，但是结果却大大出乎我的意料，实习结束的时候，她是第一个被淘汰的实习生，这真的让我感到很意外，同时也明白了一个道理：踏踏实实做事情永远是最重要的，没有必要来那些虚头八脑的东西，不要和人勾心斗角，不要自作聪明，老板之所以能成为老板，还是有能力分辨出哪个员工是真正在干活的。可以说明白这一点，是我在安永实习的最大收获。

另外一个收获是，我终于知道审计这个工作不适合我，因为我觉得这份工作没有什么创造性，就是每天对着一台电脑和一大堆数字，从早到晚，非常辛苦和枯燥，但我是一个喜欢和人打交道、喜欢工作中有很多挑战的人，所以我婉言谢绝了他们的录用。

这样到了暑假的时候，我又非常幸运地得到了一个去英国渣打银行北京分行实习的机会。其实外资银行招实习生是挺少的，我能得到这个机会非常戏剧性。我说过我之前上过一个求职培训公司开的求职培训课，当时这个公司想在我们学校开个课，平时生活中我是一个很喜欢帮助别人的人，所以就帮他们联系和我们院领导面谈。虽然后来并没有谈成功，但是他们对我的沟通能力还是留下了很深刻的印象，因为他们是求职公司嘛，所以对这方面的信息知道得很多，当他们知道渣打银行北京分行有这样一个面试机会的时候，他们推荐了我，所以从这一点来看，平时多帮助人是有好处的。当时渣打银行是想在中关村开一个新的支行，所以需要招实习生，但是当我们快要去实习的时候，才得知一个消息说他们中关村支行的执照大概要两个月以后才能批下来，支行的行长让我们两个月以后再去上班。可是这对于我显然是不行的，两个月以后暑假就结束了，而且更重要的是因为有了渣打，我就没有再去找别的实习单位，如果不能去渣打我就要浪费两个月的宝贵时间。

我想了想，决定不能就这样轻易放弃，我很勇敢，去找支行的行长谈，讲我是多么渴望和珍惜这个实习机会，最后那个行长被我缠得没办法了，就推荐我去了渣打银行北京分行。这次实习我选择的职位是销售，记得当时我们行长在一边直乐，说我初生牛犊不怕虎，因为一般的人都不会选择销售。但是我参加实习最主要的目的并不是为了一份工作，而是为了全方位锻炼、完善自己，而销售是最能锻炼人的。

我在渣打的具体工作就是给那些有钱人打电话，给他们介绍银行的理财产品。有钱的人并不见得素质都高，所以我遭遇到许多很恶劣的拒绝。不过我性格里还是有“阿Q”的部分，我会这样告诉自己：反正他也看不见我，我怕他干嘛啊。当然也会遇见非常有意思的客户，记得有一位客户这样拒绝我：喂，小姐，我现在在荷兰，国际长途啊，回头我把电话单给你寄过去，一小时35啊。

当然慢慢会学习到许多销售技巧，比方说，其他的实习生会说我给你介绍一下我们的理财产品，但是我绝对不会这么说，你说是理财产品，他肯定认为你是在推销产品，一下子就产生排斥、设防心理，谁愿意听啊？我就说：我们银行在王府井这儿开了一个理财中心，专门为高端客户服务，看看有没有什么可以帮到您的？反正千万不要提产品。还有我觉得最重要的是真诚，你要真的从客户的利益出发，为他着想，其实做销售也可以做得很人性化的。比如每次打完电话以后，我会给对方发一条短信，告诉对方我的感谢和联系方式，这样对方即使当时没有时间和你联系，但是他闲下来的时候可以根据短信联系你。那时候我们实习生每天最高兴的事情就是能把客户约到银行来面谈，当时在渣打，我的约见率是最高的，一个月面谈了十几位。我给客户最深的印象是很真诚很负责任，和许多客户也成了朋友，可以说积累了不少人脉。

在渣打实习结束的时候，我还是谢绝了他们的录用，因为我已经知道销售是怎么回事了，也锻炼了与人沟通的能力，是一段很好的经历，但是在个人的职业选择上，我还是希望能够从事一些有技术含量的工作，还有一个原因是渣打是私人银行，而我比较喜欢公资银行。

有意思的是离开渣打很久以后，我还接到许多客户的电话，询问一些业务，我就会告诉他们我已经离开了，但是我会转告他渣打银行客户经理的电话。一次，有一个客户特别生气地给我发条短信说：你们那个客户经理也太牛了，根本就不接我的电话。其实我完全可以不理他，因为我已经没有责任了，但是我深深知道一个客户是多么来之不易，所以赶紧给那个客户经理打电话，结果发现他是出差了，我就给他的助理打电话，让助理给那个客户打电话解释一下。结果那个客户又打了一个电话过来，谢谢我，说觉得我特别负责任，他说他是一家汽车公司的，他们公司 2007 年要上市，问我有没有兴趣去他们公司工作。其实通过这些事情,我越来越觉得,真诚、友善地对待别人,最后受益的还是自己。

2006年9月,我进入戴姆勒·克莱斯勒(中国)投资有限公司实习。获得这个机会也是很不容易的,那个经理用英语整整面试了我一小时二十分钟,幸亏我英文不错,否则会崩溃的。这次面试和以往面试不同的是,他没有过多地问我过去的工作经历,却对我在学校里学的那些东西比较感兴趣,问我:最感兴趣的是什么课?能不能简单给我介绍一下这门课的内容?此外他还问了一些非常专业的问题:你对外汇市场怎么理解?怎么来规避外汇风险?等等。因为我之前有在渣打银行实习的经历,所以还能勉强回答出来,而且我比较放松,觉得英语不够用的时候,我就对他说,我画图给你看吧。后来听"戴克"的同事说,经理在面试完我之后,立即给他们开会说:这位实习生给我留下了非常好的第一印象,我决定留下她,而且我不打算让她做一些基本工作,我想让她全面了解我们公司的业务。

这一次的实习真的和以往实习很不一样,因为他们就是拿我当一个正式员工来用的,所以相对我要承担更大的责任,而且没有人来帮你,大家都有各自的工作,所以只能靠自己。这一次的实习我最大的收获就是学会了承担责任。去上班没多久,他们就让我帮他们建立一个数据库,我快要疯了,因为之前从来没有接触过数据库,但是我很清楚一定要圆满完成这项工作,不能辜负别人的信任,真的完全只靠自己一点点自学,上网下载一些英文版的电子教程,再去图书馆借阅中文的教程,一点一点抠,一点一点试。我做得非常投入,通常晚上七点钟我的同事们就全都下班了，我却经常要独自加班到十点多，而且那时候学校里的功课也是非常紧张，有六门专业课需要学习，还要应付各种考试，压力非常大。家离公司又特别远，每天早晨去上班时我都会对妈妈说：哎呀，我真不想去啊。抱怨归抱怨，最后还是乖乖去了，因为我希望自己能够做一个负责任的人。最后我总算如期建立了那个数据库，我想我的学习能力一定给经理留下了深刻的印象。

在“戴克”的另一大收获就是我变得自信了。记得刚去的时候，我们领导还特地找我谈了一次话，因为他觉得我不够自信，比如开会时，我总认为自己是个实习生，不要太出风头了，所以就不太敢发言。他说：你很优秀，如果你觉得自己可以胜任什么工作，你一定要说出来，该表现自己的地方一定要勇敢地表现自己。

外企和别的单位比起来，整个环境的确是很平等很开放的，尤其是德国人，很直接，人际关系也相对简单。记得圣诞节的时候，公司在一个酒吧里举办联欢活动，最后领导们都很兴奋地跳起舞来，因为我学过拉丁舞，所以也按捺不住跟着跳了起来。说实话跳完了我心里还是有些忐忑的——别人不会说什么闲话吧？但事实证明我纯属多虑，第二天大家看到我都是很真诚地赞叹：丽莎（我的英文名字），想不到你还有这一手啊！真的非常精彩！那之后我也渐渐敢表现自己的优势了，同事们普遍对我的评价是情商很高，很开放，善于和人相处，善于接受新鲜事物。

总的来说，在“戴克”的实习经历非常愉快，我非常喜欢他们的企业文化，所以在实习结束的时候，我很高兴地接受了“戴克”的录用。而我通过一次次实习的积累，各方面有了非常大的提高，现在离我毕业还有半年，说真的，我还想利用这半年时间找个单位去实习。

我的求职经验

* 尽早开始实习。你比别人先一步的话就会比别人更有优势。
* 要分析自己的优劣势，针对自己的劣势寻找实习单位，实习最根本的目的不是为了找工作，而是为了锻炼、完善自己。
* 第一份实习并不好找，如果家里有这样的人脉资源，或者师哥师姐能够帮你推荐、介绍一下，会容易许多。
* 不要放过任何一次面试的机会，以积累自己的经验，面试次数多了你就知道怎么回事了。还可以和同学在一起做几次模拟面试。
* 面试完了之后，如果感觉聊得不错，最好能要到对方的邮箱，回家以后给对方写一封致谢信，内容大概是：很感谢您给我这次面试的机会。通过面试，加深了对公司的了解，对这份工作

更加感兴趣，希望能够获得这次实习机会之类。如果感觉自己在面试中表现有哪些不足，可以借此机会在邮件里解释一下。

* 面试的时候要注意沟通和互动，最好也准备两个问题去问主考官，比如：您在这个行业已经干了20年了，您觉得最吸引您的地方是什么？您觉得这个公司最吸引您的地方是什么？
* 遇到事情有突发变化时，不要慌，要相信一定会有解决的办法，要知道所谓“危机”的另一个解释是：在危险中寻找机会。
* 实习过程中难免有问题要请教同事，但不要什么问题都拿去问，一定是你自己已经自学过但是还弄不明白的情况下才可以去问，最好将问题攒在一块儿问，而且问过的问题一定要记住，同样的问题不要问两遍。
* 去向领导汇报工作时，将他可能要问到的所有问题事先准备好，不要等到他问你的时候你却什么也答不出来。
* 不要和同事勾心斗角，不要自作聪明，踏踏实实做事情是最重要的。
* 待人真诚、和善、自然大方。你说不准哪个人将来就有可能成为你生命中的“贵人”。
* 如果想去外企工作，学好英语非常重要，尤其是口语。

我给在校大学生的建议

1. 在学校里还是应该好好学习的，在大家都差不多的情况下，成绩的好坏是一个最直接的评判标准，事实上我的第一个实习机会就是我优异的学习成绩帮我获得的。
2. 同学之间的人际关系也是很重要的，不要吝啬帮助别人，我曾经推荐我的同学去渣打银行和“戴克”实习，事实上他们后来也帮助过我，大家都是相互帮忙。不要认为同学都是你的竞争对手，那样太狭隘了。

专家访谈：
实习生在心态上要尽快完成从学校到职场的转变

受访者：北京方正国际软件系统有限公司人力资源部招聘主管王梓妍女士

卡：咱们公司每年平均会有几次招聘实习生的机会？

王：这个是按照我们的业务需要吧，基本上一年有两次，上半年一次，下半年一次。

卡：那咱们公司的员工有多大的比例是由实习生转正而来的？

王：百分之四吧，我说的这个百分之四是指那些单纯在我们公司实习，因为实习表现不错而成为我们的正式员工。事实上我们公司还有一部分实习生是已经被录用，就是说他们毕业以后一定会来公司工作，那么我们会在他们毕业之前，给他们安排实习的机会。

卡：现在许多公司都喜欢从实习生当中来选拔员工，这种方式有什么优势吗？

王：我的理解是有两方面的优势，首先是从学生的心理来讲，他们刚入职的时候心理压力没有那么大，因为是实习生的身份，所以各方面的要求没有正式员工那么高，指导老师会对他们很耐心地指导、培训，他们有一个比较长的心理适应期。其次从公司的角度来讲，一方面实习生满足了我们短期用人的需求，有一些工作可能用我们现有的正式员工成本比较高，而且有些工作是正式员工不太愿意做的，这时候用一些实习生就比较合适。再一个，我们也可以从大量的实习生中挑出一些比较优秀的、动手能力很强、领悟能力也很强的学生成为公司的正式员工，这部分员工可以说像一张白纸，我们可以完全按照公司的企业文化和工作方式对他们从头开始培养，那么今后他们从心理上对公司也会比较认可。

卡：经常听到大学生说，第一次实习想要进入一个好公司特别难，在这方面给他们一些建议吧。

王：情况的确是这样。就拿我们招聘实习生来说，我们也要通过正式的笔试、技术面试、人力资源的面试，和我们招聘正式员工的流程是一样的，用的题也是一样的。我觉得如果你想第一次实习进入一个比较好的公司，首先在校期间要多参加一些和专业相关的培训和比赛，这些都是可以为你加分的，因为我们会从中看到你的潜力，拿学计算机的学生来说，可以去考信息产业部的高级程序员或者是软件设计师，这些有可能会帮助你获得实习的机会；其次你要把基础知识学好了。

卡：在那么多寻找实习机会的简历中，通常什么样的简历会首先进入你们的视线？

王：我们会首先看他的学校背景，一般来说，被纳入“211

工程”的高校是我们比较喜欢的，比如北京邮电大学、北京航空航天大学、北京理工大学、华中科技大学等。这些学校的历史比较悠久，而且他们的理工科是比较强的，我们不可能对所有来应聘的学生都有一个深入的了解，这时候只能看他是什么学校毕业的，我刚才所列举的这些学校，他们的学生通常都比较踏实、肯干，心态比较好，素质也相对较高；再一个就是看个人的条件，如果你有一些资格证书，可能就容易跳出来。

卡：实习生在实习的过程中呈现出的什么样的素质是你们最希望看到的？

王：首先是接受能力、领悟能力比较强；其次是对待工作的态度非常认真、踏实，有些学生会觉得自己是实习生，所以对待工作不像正式员工那样有责任感，这个是我们不愿意看到的。

卡：实习生要怎样做，更能赢得同事和上司的好感？

王：传统的观点，似乎在一个单位里，新人总是要给老员工端茶递水什么的，其实现在的公司里都不会存在这种情况。一般来说，具有良好沟通能力的实习生会比较受欢迎，比如工作中出现什么问题，他可以通过积极的沟通有效地解决问题，虚心改正自己的不足，而且他的态度让别人很容易接受。有时候我们会遇到一些实习生，一旦工作做不好了，他会闷头不说话，把一个原本能够很好解决的小问题最后搞成一个大问题，这是我们不希望看到的。在工作之外，合群的人、创造力比较强的人是比较受大家欢迎的。

卡：你们最不喜欢实习生在实习过程中呈现出的缺点有哪些？什么样的实习生是你们绝对不会考虑的？

王：先来说我们不希望看到的东西。首先是对工作不认真，有些实习生还保持着一个做学生的状态，比较放松，刚到公司的时候比较懒散，比如中午趴在桌上睡觉，或者工作时间和同事聊天什么的，因为我们办公室是开放式的，他这样做别人是能看到的，这样对周围的同事会有一个不好的影响。其次是有些实习生不太能适应公司的工作方式，比如有时候我们会给员工群发一份邮件，要求在什么时间交什么东西，正式员工看到以后就会在那个时间来交，但是有些实习生看了以后就不会照做。因为在学校里面，如果有什么事情的话老师是一个一个通知的，但是在一个公司里，有几百名员工，不可能像在学校里一样一个一个通知，但是有些实习生就不能将自己的学生心态很快地转变到工作状态来，这也是现在的实习生普遍有的缺点。还有一点，就是有些实习生是我们已经确定要录用的，但是他们在实习期间，可能有别的公司给他们更好的待遇，那他们就会抵不住诱惑，就会跳槽，这是很伤感情的，而且这样做对他们的学校也会有负面影响，因为如果某个学校的学生经常发生这样的情况，那么我们以后对聘用那个学校的学生就会比较慎重。

至于什么样的实习生是我们绝对不会考虑的，应该是那种很自负或者很没自信的学生吧，有些学生会觉得自己很牛，笔试、面试时表现得很不屑，觉得你就应该聘用我，不聘用我是你的损失。还有的学生恰恰相反，特别没有自信，会请求面试官：请您给我一个实习的机会吧，我不要工资，只要有一个机会。一般来说这两种学生我们都是不会考虑录用的。

卡：在您和实习生接触的过程中，发现他们普遍存在的不足有哪些？

王：我最深的感受是，很多实习生不能很好地完成从学校里的学习方式到企业的工作方式的转变，表现得很被动。在企业里面，领导不会手把手地来教你，他给你一个任务，需要你主动地去反馈去沟通，他不会每天来检查你完成得怎么样了，而是需要你更具备主观能动性。还有我要特别告诉实习生的是，要有耐性，有些学生对自己的期望值比较高，希望自己在一年之内就能成为公司的人才，在实际工作过程中，我们公司不会把所有的人都培养成我们的核心人才，有很多学生在工作一年以后，就会有些着急了，他会犯嘀咕：公司为什么还没有给我升职啊？为什么还没有给我加薪啊？实际上三年或者五年才是一个比较重要的分水岭——如果一位员工没有在一个职位上稳定地做上三年，那么无论从技术上还是从工作的规范、流程以及工作上的人脉来讲，都不可能有一个很好的积累，那也就不可能更上一层楼。所以实习生要有一个踏踏实实做事情的心态，戒骄戒躁。

让面试成为一种享受

⊙ 从进大学开始，就要有为将来求职做准备的意识

⊙ 找到适合自己的公司

⊙ 面试时注意细节

求职者档案：

林冬晨，男，22岁，北京人。2007年7月毕业于北京航空航天大学自动化学院自动控制与信息技术专业，同时进入艾默生网络能源有限公司担任销售工程师。

可能许多大学生到大三的时候都会有一个迷惘期吧，大三了，要怎样计划毕业之后的人生呢？是出国？是考研？是找工作？记得那个时候我足足思考了半年，举棋不定。首先被我否决掉的是出国，因为没有把握的因素太多了——能不能申请到一个好学校？申请到好学校了能不能申请到奖学

金？如果申请不到，家里是否能承担得起这样的经济压力？其次被我否决掉的是考研，那时候我已经清楚地知道我不喜欢自己的专业，如果报考其他专业的研究生，是不是能考上呢？还是一件很冒险的事。

那么剩下的就是找工作了，我仔细分析了一下自己的优劣势，我最突出的优势就是表现在校园活动上。早在上大一的时候，我就在全校新生中发起过一个“爱心干细胞”的活动，号召大家捐献造血干细胞，后来这个活动办得非常成功，在全校的班集体活动的评比中获得第三名。上大二的时候，我又参加了学校的乐团，担任电声乐队的队长，兼吉他手和主唱，专门翻唱平克·弗洛伊德的歌曲，还开过演唱会，拥有不少“粉丝”。我的劣势也很明显，就是没有实习经历，当时快暑假了，是实习最后的时机，再不抓紧就来不及了。

我没想到第一份实习这么难找，投了有几十份简历，竟然一个回音都没有。我每天都像热锅上的蚂蚁一样，患得患失，自我怀疑，但是我知道已经决定的事情就不要轻易改变，如果这时候我还在动摇，还想重新选择，那么结果很可能就是我什么也做不好。我到处找人找关系，看看能不能帮我获得一个实习的机会，我相信只要第一步迈出去了，第二步就好办了。

有一次，我帮助一位同学买火车票，可是火车票买到以后他又不要了，我就在网上发了一个转让的帖子。后来有一个明基电通的人找到我想买票，我一听他说是明基电通的就很兴奋，我想能不能通过这个人找到一个实习的机会呢，于是我主动提出来给他把票送过去，借这个机会向他提出可不可以帮我推荐一下。那个人很热心，将他们领导介绍给我，后来我虽然没有得到那个实习的职位，但是我觉得自己这种善于发现机会、抓住机会的意识还是挺好的，俗话说“宁叫做过，莫叫错过”，如果你不去勇敢尝试，机会即使砸到你的脑袋上，还是会错过的！

那一阵子我给家里所有的亲戚打电话，问他们有没有这样的关系，不需要是多大的企业，也不需要是多么体面的职位，只要能让我去实习就行。后来我的一个亲戚说：没准我还真能帮帮你，我有一个朋友在施耐德电器（中国）有限公司工作，听说正在招聘实习生呢。后来我就是通过这层关系去了施耐德。在施耐德实习期间，我第一次接触到了销售，发现自己非常喜欢这样一个职业，就是说工作的时候并不觉得是在完成某项任务，而是在享受一种乐趣。也就是在实习期间，我确定了将销售作为自己将来要从事的职业。

在施耐德的实习结束以后，我正式开始自己的应聘历程，每一次面试机会都不放过，即使是我完全不感兴趣的工作，只要接到面试通知我都去，我就是想锻炼自己，积累经验，这就像考试一样，考得越多你就会越放松。事实证明我的这种做法是正确的，后来我参加艾默生网络能源有限公司的面试，整整六轮，并最终战胜近400名竞争对手，拿到Offer，我想是和这段时间的密集面试有关的。

现在回想起参加艾默生的面试过程，还是很激动的，整个过程非常精彩，每次给别人讲述的时候都给予我很大的快感——

在大学里流行将一对一的面试称为“单殴”，将集体面试戏称为“群殴”，很多人会很不喜欢“群殴”这种形式，因为要在毫无准备的情况下，和一些完全不认识的应聘者相互合作，非常能够考验人，这种面试形式也被称为“压力面试”。在艾默生的第一轮面试就是“群殴”，上面坐着三位面试官，下面坐着15位应聘者，面试内容是自由演讲，面试官会发给每个人两张纸，要求每个人在纸上写下自己的学校、姓名以及自己最感兴趣的一个话题，再交给面试官，然后由应聘者从这些纸条里随机抽取，先做一分半钟的自我介绍，再就自己抽到的话题进行一分半钟的演讲，如果你碰巧抽到的是自己感兴趣的话题，必须要换掉，如果发言超时，会被打断。由应聘者自己举手发言，谁先举手谁先来。因为我想这种时候自己应该表现得主动一点，所以我是第二个举手的人，自我介绍的部分我采取的是稳妥的方式，就是简单地介绍了一下自己的背景和特长，基本上是对简历的一个概述。现场演讲部分我抽到的题目是：怎么才能做一个好的销售？我认为演讲最忌讳的是思维混乱表述不清，所以我分三点来解答这个问题，一是自身能力，二是专业技能，三是对这个职业的热爱。我自己评价第一轮面试表现平平，在15位应聘者中也就算是中等。当然也有比我表现还差的，有一位男生，自我介绍说得挺好的，但到了演讲时，大概抽到的那个题目不是他所擅长的，支支吾吾说了两句之后就说不下去了，自己说：算了，我看我直接Pass算了。

第一轮面试之后我的感觉很不好，有一瞬间被淘汰的预感已经非常强烈，但是第二天我就收到了进入第二轮面试的通知，真是非常大的惊喜，有了这一次小小的成功，我面对第二轮面试的时候心理上已经沉着多了。第二轮面试的内容是辩论赛，一共 12 位应聘者，分成两组，一组是正方一组是反方，每组分别有一位同学担任立论和总结陈词，其他几位属于自由辩手，辩论的题目是：1.愚公移山是否值得。2.五一黄金周是利大于弊还是弊大于利。我们这一组是反方，有 10 分钟的准备时间。

我们这一组的人很快就达成共识，那就是面试官采用辩论赛这种形式，绝对是醉翁之意不在酒，他们并不是真的想考查我们的辩论技巧怎么样，除了口才、思维敏捷度之外，他们真正看重的是团队合作能力——如果只是你一个人出尽风头，那还要一个团队干什么呢？所以我们事先就说好在队友发言的时候，不要抢话，要让组里的每个人都有充分表现自己的机会。在后来的比赛中我们这一组基本遵守了这一原则，并且在队友发言的时候，如果其他人有什么出彩的想法，就写在纸条上悄悄递给他，我想我们的表现一定给面试官留下了深刻而良好的印象。这一轮我的个人表现也很出色，我毛遂自荐担任了立论，在正方陈述自己的观点之后，我先逐条批驳了他们的观点，然后从工作效率和工作方法的角度阐述了我方的观点，我的立论很成功，记得比赛结束以后，对方的一位队员很由衷地对我竖起了大拇指。我很顺利地进入了第三轮面试。

第三轮面试的内容是案例分析。12位应聘者分成两组，给每个组一个具体的项目，由各组自己选出项目经理，再由经理根据项目情况具体分工，有做市场分析的，有做客户公关的，每个人根据自己的职责赶紧去思考该做哪些具体工作，然后小组向大家做一个大概5分钟的推介，介绍你们这个组准备怎样执行自己的计划，最后能达到一个什么样的效果。准备时间10—15分钟。

我被安排的职位是客户公关，这时候我的心态已经很放松了，有一种愈战愈勇的感觉，整个人整到一个非常高昂的应试状态，就像心理学上所说的“高峰体验”，于是整个面试都变成了难得的享受。这一轮我的表现异常出色，我提出了两个非常新颖的理念：一个是捆绑招标的理念；另一个理念是在面对不同客户的时候，我们要有不同的公关原则，比如一般的中层领导，他们可能不愿意会见底层的销售人员，那么我就可以请我们高层的销售领导去和他们谈，我觉得这个想法是面试官比较欣赏的。当时我提出这两个理念的时候，我们同组的成员并不是很认可，但是我努力说服了他们。当我们组长向大家去阐述我的理念时，我的手心里全是汗，浑身发凉，真的有很大的压力。最终，我们这个组还是凭借我提出的这两个理念获得了面试官的好评。一般来说，面试官是很少在面试的过程中评价某个应聘者的具体表现的，但是那天我们组的推介完成之后，面试官说：这个小组有一个很强的客户公关。我理所当然地进入了接下来的又三轮面试。

应该说面试进行到这里，每个应聘者的结局差不多已经注定，这三轮面试很简单，是在同一天进行的，每一轮也就是 5—10 分钟。首先是销售主管的面试，主要是根据你的简历对你这个人做一个深入的了解，这时候差不多已经不需要太多的面试技巧，你将自己真实地展现出来即可。接着是销售总监的面试，他会现场给你一些题目，比如说让你用 1 分钟的时间用英文来描述一下这间屋子，主要是了解一下你的英文能力。最后是人事部经理的面试，他主要问的是一些实际的问题，他想了解你对未来有什么样的职业规划，想不想读 MBA？有没有女朋友，家里是个什么样的状况，会不会影响工作之类，我觉得所有这些问题你都不要撒谎，实话实说即可。至此，六轮面试全部结束。

一个星期之后，我如愿以偿拿到了艾默生的 Offer，我的面试经历也被许多同学津津乐道。最近这段时间，常常有学弟学妹来向我讨教求职秘诀，我都毫无保留地告诉了他们，但是同时我也想说：我的秘诀，也许只是适合我。适合你的秘诀，还需要你自己在一次次面试中去发现和总结，我相信每个人都会找到适合自己的秘诀。

我的求职经验

* 面试时最重要的一点是要注意细节。我在面试时注意到很多细节，比如在别人发言的时候，你要专注地听，不要喝水；别人发言结束时，很有礼貌地鼓掌；从座位上出来之后，要将椅子放到桌子底下，以免影响其他人……这些细节都要注意到。
* 每个企业都是不同的，有着不同的做事风格和企业文化，像艾默生公司，他们喜欢沉稳、有头脑、有想法、团队意识强的员工，我之所以能进入这家公司，并不是我能力有多强，而是我正好适合这家公司。事实上在面试的时候，有一些表现非常优秀的应聘者最终却未能通过，原因可能是这些人的个人能力很强，太注重自我表现了，艾默生公司会觉得这些人不太适合，但是有一些企业比如宝洁，他们就喜欢这种个人能力非常强的人。所以说想进入什么企业不能强求，如果你为了进一家企业，就迎合他们，按照他们喜欢的员工样子去包装自己，那样你将来即使进去之后也会很累的，因为每个人的性格都是不一样的，不适合就是不适合。我觉得和工作单位之间最好是彼此适合，即使你被

一家企业拒绝，也并不代表你不优秀，而只是你不太适合而已。

* 面试时候的着装，如果你和我一样是应聘市场部的话，那着装最好严肃一些，我就是一身西服，领带的颜色不要太扎眼，总的来说整洁得体就好了，如果你穿昂贵的名牌服装，给人的感觉反倒不好，人家会想：你穿得这么好，还来我们公司干嘛？

* 投简历时应该尽可能多投，一流的公司或者一般的公司都试一试，不要只盯着那几家好公司，一棵树上吊死，我只投了 20 多家公司，还是太少了。也不要太挑三拣四，比如这家公司总出差我就不想去了，或者说这家公司办公地点不好我就不想去了，我觉得本科生嘛，未来还很长，没必要现在就计较太多。

* 简历要不断地改。投简历之前要好好看招聘方的要求，了解他们最需要的是什么，然后根据这些需要来修改、调整自己的简历。你拿一份简历去投 100 家公司，最后成功的还是那些这份简历适合的公司，其他公司还是不会对你感兴趣的。比如你应聘的是销售，你的简历里只是把自己参加一个技术项目的成绩写得特别详细，这对你应聘成功是没什么帮助的。

＊ 外企看重的不仅仅是一个员工的能力怎么样，他们非常看重性格，即使是技术人员，他们也会选择一些性格上具备亮点的。美国企业喜欢的员工基本上是这样的：具备团队意识，而不是员工个人多么鹤立鸡群，他们喜欢一群有能力的人和谐地结合在一起，认为那样发挥出的作用更大；他们对于你现在的能力不是最看重的，而是更看重你的潜力，即你将来能具备什么样的能力；他们非常看重员工对于自己所从事的工作的热爱。

我给在校大学生的建议

1. 在学校里参加活动，不一定要多，但是一定要做得很深入很精彩，在活动中成为不可或缺的人物，也让所参加的这些活动成为你经历中的一个亮点。而不是参加很多活动很多社团，每一个都如蜻蜓点水，但是最后什么都没做成，也没有学到什么东西。
2. 多接触社会、了解所学专业的行情、多向学长请教求职的经验和教训、多认识人多接触人，以获取更多的信息和资讯，来决定自己要做什么，尽早作决断也可以尽早做准备，大一大二可以不断地去调整自己的目标，但是到了大三就应该确立了自己的目标，一旦确立就不要轻易放弃。像我的一些同学，本来决定考研，但是听说谁找了一个好工作，心马上就乱了；还有些人听说外企不错，立马也想去外企，也不管外企是不是适合自己，这都是非常不可取的。

专家访谈：
我们喜欢的是正常人，而不是超人

受访者：英泰国际集团公司人力资源部总监史枫蔚女士

卡：先简单介绍一下一般公司面试的流程吧。

史：第一步，要填一份面试登记表。最好能填的内容都填上，不要留下太多空白，因为我们也希望了解你更多的个人信息。另外，我们的表格上会有一栏是“期望薪水”，你填得太高，我们很可能会因此而放弃你，如果你填得太低，我们心里会画一个问号：他怎么要求这么低呢？其实最好的方法就是在应聘前，你要对自己应聘的职位的薪水行情做一个了解。

第二步，主考官问问题之前，会让你作一个简单的自我介绍，作自我介绍时切忌啰嗦，简单明了，另外把你渴望让主考官发现的闪光点，在自我介绍时就铺垫出来，主考官会就这个问题再向你提问的。

第三步，面试官开始提问。可能会问到你在原公司的离职原因，你在那里都做了些什么？通常我们最不喜欢听到的离职原因是：我和我以前的主管在某个项目的问题上意见不合。因为这个原因是你在哪个公司都会碰到的，你在我们公司也会碰到，难道你也要因为这个问题离开我们公司吗？要知道面试官问的所有问题，看重的可能都不是答案，而是你回答问题的思路。你的思路一定要清晰和正常。

第四步，最后我们会说：我们会在五个工作日内给你答复。一般过了三四天之后你可以主动打电话给人力资源部门询问一下面试结果。在你打电话的时候，不要挑一天当中最忙的时间，比如上午，一般下午四五点钟的时候会是一个比较适合的时间。询问时要表述清楚，可以这样问：请问是史小姐吗？我是哪天来应聘什么职位的某某，不好意思打扰一下，我想询问一下我的面试结果。

卡：在您平时的工作过程中，发现现在的大学生在面试过程中常犯的错误有哪些？

史：有这么几种：一，不做准备。首先很简单的，面试官会让你作一下简单的自我介绍，有些应聘者一点不做准备，他会从自己小学在哪里读的开始说起，其实大学生也没什么过多的工作经历，简单明了就可以。还有你必须在你的自我介绍中凸现一些个人的闪光点，好让我有兴趣能够再问你问题，有些人作完自我介绍以后，让我觉得实在没什么可问的。这些都最好做一些准备。而且你面试的时候，最好上网站了解一下所应聘的这家公司的具体情况：这家公司是做什么的？我所应聘的职位是做什么的？我曾经遇到过一位应聘者，我们已经明确地告诉她我们招的是财务人员，但是她介绍了很多自己在行政方面的工作经验，基本上对她的应聘是没有帮助的。

二，说谎。其实聪明人都不会说谎的，因为说谎特别难，你很难圆过来。举个例子，曾经有一位大学生来应聘，说是某个大学的，我一听很高兴，是我的师弟啊，于是我就问他，你们宿舍是在东区还是在西区？然而他却答不出来，连自己是哪个学校毕业的这种最基本的东西都撒谎，这给人的印象是极坏的。

三，不够坦诚。我说的不够坦诚是指有些应聘者会隐瞒自己内心真实的想法，我们会喜欢那些表现得坦诚和直接的人。我们会问一些问题，比如说，你对加班这个问题怎么看？能否接受经常加班？其实我们希望听到的回答是：偶尔的加班是可以接受的。但是有些人会回答说：无所谓的，我很愿意加班。我们不愿意用这样的人，因为加班是要付加班费的，无形中会增加成本，而且人都是有趋乐避苦的本能的，从本性上说，没有人愿意加班，你说你愿意加班，证明你没有说实话。比如我们还会问：如果你是一个部门的负责人，你怎么看待自己手下的人经常向你请假？在这个问题上我们希望听到的回答是：如果员工确实有事情的话，是可以请假的。但是有些人会说：那是不允许的，我会对他们进行说服教育。我会认为这样的回答是不够人性化的。我们招人，就是想招一个和大部分人一样的正常人，他（她）会具备人性的弱点，但是有些人会粉饰或者说掩饰自己，把自己塑造成一个完人或者是超人的形象，这样的人是我们不喜欢的。比如我们经常问应聘者：你有哪些优点和缺点？其实我们问这个问题，并不是真的想知道你的优点和缺点是什么，而是想看你怎么样回答这个问题。我记得有一位男生的答案给我留下了很深的印象，他说：我的优点应该是开朗和踏实吧，缺点呢，一大堆，说不过来。这样的答案我们是比较喜欢的。

四，不懂得应该怎样描述自己的工作经验。我发现很多大学生犯的错误就是：不觉得自己做过的那些事情有什么了不起，觉得不值得拿出来说。当然对于一个大学生来说，可能不会有太多实际的成绩，但是你还可以说，比如“我提高了一个部门的团结度”，“我很能调动大家的情绪”之类，这些在我们看来都是闪光点。我曾经遇到一位来应聘的市场部门的经理，他对他的成绩是这样描述的：1. 带领本部门人员做好市场工作。2.负责本部门的管理。3.配合人力资源部做好本部门的招聘工作。这样的描述等于什么都没说。全世界的市场人员都一样，我看不出你作为一个市场部门的经理，在其中发挥了哪些属于你的独特作用。

五，不够注意细节。说话嗓音特别大或者特别小、带有浓厚的地方口音、不爱微笑、集体面试时总是低着头，还有些男生来应聘，一进门就是一股汗味或者是烟味，有太多的小动作，比如跷腿啊、晃动身体啊等等这些，都不是我们希望看到的。还有在别人发言的时候，要身体前倾、面带微笑地看着发言的人，当别人的发言结束，主考官开始说话的时候，要面带微笑地看着主考官。另外女生来应聘，不要浓妆艳抹。这些细节都要注意到。

卡：你们最希望看到员工在面试中呈现出的素质有哪些？

史：擅长沟通，在问题还很小的时候，就可以通过沟通解决掉，而不是积压到一定的时候再爆发出来，以及团队合作精神。

卡：给要参加面试的大学生们一些实用的建议吧。

史：我建议应聘者不要太早到，一般来说比约定的时间早到5分钟就好。我经常在平时的工作中，发现许多应聘者会比约定的时间提前很多，这样就会打乱我的工作计划，很可能我还没准备好，但是我又不好意思让你等那么长时间，只能仓促上阵，这样的时候我心里是会有些不快的。

还有应聘的时候通常会让你填一个面试登记表，里面的内容非常详细，建议你把所有的空格都填上。当然你填的时候可以稍微讲究一些技巧，比如里面有一栏是“原单位的证明人”，很多人不愿意填证明人单位的固定电话，填的都是证明人的手机号码，可是这样怎么才能证明这个人是你原单位的呢？一般来说我们是不会采用这个手机号码的，我们会在网上查你原单位的电话，直接打过去了解情况。当然有些应聘者可能是因为担心原单位的证明人会说出一些不利于自己的信息，才不愿意留固定电话，我可以提供一个小窍门，你可以留一个原单位和你关系比较好的同事的电话。

还有面试快要结束的时候，我们会问应聘者：你有什么问题需要问的吗？有时候有些应聘者问的问题让我们无法回答，比如有人会问：我这个职位是不是有很大的发展空间？像这种空洞、大而玄的问题，最好不要问。但是有些问题我们会很愿意回答，比如有些女孩子会问一些很活泼的问题，比如她会问：公司对着装有什么要求吗？还有人会问：我们部门领导是个什么样的人？一般遇到这样的问题，我们都会如实告诉他们。

还有一点，我要特别提醒刚毕业的大学生，在找工作之前，要去了解一些社保、公积金、劳动法方面的知识，以便更好地维护自己的权益。

专业篇

别让专业成为束缚

⊙ 尽早确立求职目标

⊙ 别让专业成为求职的束缚

⊙ 在未被淘汰之前，哪怕只有百分之一的希望，你也要尽百分之一百的努力

求职者档案：

王博阳，男，22岁，北京人，2007年6月毕业于国际关系学院国际政治系，2007年6月进入IBM中国有限公司担任客户代表。

说起来别人一定不相信，IBM是我应聘的第一份工作，也许会有人说我运气好吧，但是这一路走下来，也许只有我自己才能明白，运气这个东西，不会平白无故降临在哪个人身上的。

我是学国际政治的，学这个专业将来能干什么呢？我常

和同学开玩笑说，学这个专业的，要等到将来哪个国家的总统暴毙了，我们就去给人家当总统去，除此好像就没什么好干的了。在我们学校，我们这个专业一般有三条出路：首选是当公务员，去一些像外交部安全部之类的各大部委；其次是考研究生；再不行就是随便找个单位先呆着。

一开始我也是想考研究生，可以说一直到大三时我还是这个想法。大三那年的寒假，有一次家族聚会，长辈们都问我对将来有什么想法，我说考研究生呗，还能干嘛啊？当时一位叔叔就问我："你准备考什么啊？"我说："国际政治啊。"他又问："然后呢？"我说："考公务员，或者找工作啊。"他说："研究生咱们将来也可以考，或者读在职的也行，而且说实话，我觉得你现在找工作和读完研究生再去找工作没有太大的区别。"然后他告诉我："现在有这么一个机会，大概今年三四月份的时候，IBM公司会有一个'蓝色之路'的实习生计划，是专门针对你这样还有一年要毕业的大学生的，你可以关注一下。你这么年轻，去外企会对你的见识和发展有很大的好处。"说得我心里"咯噔"一下。

那天聚会结束回到家里，我一直在想这件事情，但是觉得一点儿可能性都没有，首先是专业不对口，我对自己没有信心；其次是我们学校毕业的学生好像很少有去外企的，既然大家都这样，我有什么资格可以进呢？说实话在我们学校，我并不是一个最优秀的学生。我越想越觉得不可能，就对自己说：算了，不想了，这事太不靠谱了。虽然心里这么劝自己，但是这个念头时不时就会冒出来，让我不得安宁。

我开始问自己："我是不是真的要一辈子当个公务员？是不是真的要去考国际政治的研究生？"答案是不确定的，我不能想象自己的一辈子就是在一个大机关里，安安稳稳过日子，到退休的时候混上个一官半职；而且对国际政治这个专业也说不上喜欢，当年填志愿的时候我才 18 岁，那个年龄是不知道自己真正喜欢、真正想做的事情是什么的，稀里糊涂就填了这个志愿。

正在举棋不定的时候，发生在我的一位师哥身上的事情给了我很大的触动，他毕业以后进入了普华永道，世界四大会计事务所之一，大家都觉得他特别厉害。我问他："你是怎么想到去外企的啊？"他说："好像我们学国际政治的只能考公务员考研究生似的，我已经厌倦了通过考试来解决一切问题的方式，我想证明一下自己真正的能力。"师哥的成功让我觉得进外企对我来说并不是完全不可能的，虽然有些冒险，但是这也激发了我的好胜心，我就是要做成别人觉得很难做成的事情。我将自己的想法和妈妈一说，本来以为她一定会反对，没想到她毫不犹豫地说："我也觉得 IBM 是个不错的选择，可以一试。"

3 月份的时候，我上网递交了简历，应聘的是客户代表这个职位，也就是销售，选择这样的职位，一方面是因为我的性格活跃，喜欢和人打交道，很适合这个工作；另一方面是因为我妈妈就是做销售的，平时她在工作中遇到什么问题都会回家讲给我听，问我："儿子，你说该怎么办啊？"有时候我帮她想的方法会得到她的赞许："不错啊，你这个点子很好啊，我怎么没想到呢！”这就让我对自己这方面的才能很有信心，而且大学里我也曾经利用假期到贸易公司打过工，做的也是和销售相关的工作。

等待笔试通知的那些日子是很熬人的，平均每小时要看七八次手机，每次课间都要回宿舍上网看看有没有邮件，虽然我也一直在告诉自己希望渺茫，一定要保持一颗平常心，但是在等待的这段时间里，我还是投入了我全部的精力和热情。我不断地上 IBM 的官方网站，去看上面对公司、产品的一些介绍，并且从网上把几乎能搜集到的所有 IBM 的笔试、面试的相关资料下载下来，积极准备，最后从网上打印下来的资料几乎到我的膝盖这么高，每天我都捧着一沓资料嘴里念念有词，非常非常累，同学都开玩笑说我：“完了，这人魔怔了。”

两个礼拜以后，我接到了 IBM 的笔试通知，笔试是在北航，人山人海的，估计那天可能去了几千人。笔试是英文的，考一些对于一个大学生来说不算很难的数学题，可是那些题目对于我来说却不容易，因为我们学国际政治的，大学里是不学数学的，很长时间没有接触，所以反应比较慢，幸好之前我有过还算比较充分的准备，否则可真是死定了。笔试结束之后我的感觉非常不好，觉得自己肯定没戏了。

那天回到家里，我的心情几乎跌落到了谷底，不想和任何人说话。但是我还是很快调整好了自己的情绪，我这么告诉自己：不到最后一刻，决不放弃努力和希望。所以尽管对自己能不能通过笔试完全没有把握，但我还是打起精神来积极准备也许将和我擦肩而过的面试。

一个星期之后，记得那天是我们系学生会的选举，但是我根本就没有心思，趴在桌子上，突然手机响了，我一看，哎哟，是这样一条短信：恭喜你，你已通过了IBM的笔试，请尽快登录你的邮箱，了解参加面试的具体事项。天哪，我真是太高兴了，最难的一关被我闯过来了，简直是难以置信。后来听IBM参加阅卷的人说，我是所有通过笔试的学生当中的最后一名，正好够上录取线，好险哪！我妈妈说我："你这小子还真有些狗运气。"但是我想，如果没有之前那段日子的非常刻苦的准备，好运气是不会眷顾我的。

笔试通过，让我信心大增，而且我知道一旦进入面试，我的擅长和人沟通的特长就能发挥作用了。事实正是如此，我顺利地通过了两轮面试，获得了去IBM公司实习的资格。当然获得了实习的资格并不代表你已经获得了这份工作，事实上最终能够入职的人只占到所有实习生的四分之一，而且许多竞争对手都是来自名校的研究生和博士生，可以想象竞争将会非常激烈，但我不怕！

第一天实习，公司分配了一个培训官带我，也就是我的师傅吧。他的工作很忙，所以第一天根本就没有时间关照我，我傻傻地坐在那里，心里很不是滋味，看看其他的实习生，也都是和我差不多，坐在电脑前百无聊赖。我觉得这样下去不行，我既然来了，就要做事情，总不能这两个月实习就傻坐着吧。我决定主动出击。我找到我的师傅："我有什么可以帮您做的吗？"他说："暂时还没有。"那天，我几乎每隔两个小时就要去问他一次，他大概也意识到了我和以往的实习生不太一样，我是真的想做一些事情。结果那天快下班的时候，他对我说："我们以后会有一些针对外资银行的销售，你现在上网了解一下，在中国内地外资银行的具体情况，以及有关部门负责人的姓名、电话、电子邮件等一切联系方式，然后作个表格给我。"一听他给我安排工作，我的眼睛一下子就发光了，我喜欢投入于工作的那种感觉。

那几天我几乎是废寝忘食，坐在位置上就没怎么起来过，两天以后，我就将一份表格给了师傅，他很惊讶："真快啊，我以为你要弄一个星期呢。"我想这个时候他一定已经深刻体会到了我对工作的热情，觉得有必要认真地对待我了，接下来他给我有计划地安排了工作。每天早晨我提着公司发的笔记本去上班的时候，真的有一种意气风发的感觉。而这时候，和我同去的实习生很多还根本没有进入状态呢。

在两个月的实习期间，我基本摸清了一些外资银行在接下来的时间里有没有购买大型服务器或者是电脑设备的意向，为其他同事接下来的工作提供了宝贵的信息资源，最重要的是，我学会了在面对挫折时怎样调整好自己的心态。有时候给人家打电话了解情况，对方的态度会非常恶劣，人家会说："你是什么公司的？IBM 是干什么的啊？"或者是："你别老往我们这里打电话了，烦不烦？"还有的会很粗暴地把电话挂断。可以说从小到大，无论是在家里还是学校里，我都挺讨人喜欢的，哪受过这份气啊，这样的拒绝多了，让我的自信心很受挫，对打电话产生了畏惧。我就拼命给自己打气，告诉自己没有后路可以退，豁出一张脸去也要完成师傅交给的任务。一开始那可真是硬着头皮打电话啊，那种感觉和顶着子弹上战场没什么区别，幸好我还是坚持了下来，而且到实习后期，我基本上已经摸到了一些门道，总能在对方挂断电话之前问出我所需要的信息来，光工作笔记我就记了满满一本。实习结束的时候，我和我的师傅开玩笑："您觉得我们能成为同事吗？"他立即回答我："你非常出色，我认为没有问题。"

2006年11月18日，IBM公司为我们这批100多位通过选拔的实习生举行了盛大的欢迎酒会，当身着笔挺西服的我从公司高层手中接过Offer的那一瞬间，我真为自己感到骄傲。

现在应该算是我一生中最轻松的时刻吧，还有半年就可以毕业，工作已经确定，我比我的同班同学要幸运多了，到目前为止，我们班只有两个人有明确的去向，其他的都还在找呢。我决定要趁这半年时间好好玩一玩，因为毕业以后，等待着我的，将是长达几十年的充满挑战的职业生涯啊！

我的求职经验

* 了解自己，知道自己适合干什么、喜欢干什么，要知道如果一生都在干一件自己不喜欢做的事

情，那可是很痛苦的。知道自己性格的特点，如果是一个内向的人，那应聘时要注意放开一点，如果是一个很外向的人，比如我，就要经常提醒自己收敛一点。

* 不可忽视任何一个环节，简历、笔试、面试，都应该认真准备，把可能遇到的问题和困难尽量提前想好，做到有备无患、知己知彼。
* 实习期间，可能都会急于表现、证明自己，往往做事情显得很毛躁，其实大可不必，保持平常心态，踏踏实实一步一步来做，要知道实习期间主要是看你的工作态度、理念和学习能力，而不是工作成果。
* 在应聘过程中，可能有些阶段会很不顺利，要迅速调整自己的心态，不要将宝贵的准备时间浪费在无谓的消沉之中，告诉自己：只要还没被淘汰，我就还有机会，我就要全力以赴。
* 如果有着丰富的人脉资源，可以和自己所应聘公司内部的人建立联系，那将对你应聘成功大有帮助。
* 如果自己没有很丰富的应聘经验，那就要和有经验的人多沟通，以开阔眼界和思路。

我给在校大学生的建议

1. 尽早确立目标，一旦确定就不要轻易改变，心无旁骛，全力以赴，这样也许有些冒险，但成功的几率会高出很多。我们班上的许多同学，都认为不能把鸡蛋放在一个篮子里，什么都想试一试，先考公务员，如果考不上再考研究生，研究生如果考不上，再找工作，这样看起来似乎很稳妥，结果却可能导致三件事情都做不好，因为这三件事，无论哪一件都是需要付出很多时间和精力的。
2. 大学期间，如果没有经济方面的压力，那么课余打工时就不要考虑能挣多少钱，而是应该考虑我现在做的兼职对实现我的目标有没有帮助，如果有，没有钱都可以干。
3. 要打破框框想问题，不要被周围人的思维或者一些习惯性的思维束缚住，有些同学会觉得我这个专业应该干这方面的工作啊，怎么能干那方面的呢，或者我不是名牌大学出来的，我有什么资格和别人竞争呢？等等。事实上，正如阿迪达斯的广告语所说：一切皆有可能。

专家访谈：
自己喜欢的工作才是最好的工作

受访者：IBM大中华区人力资源部总监郭希文女士

卡：请问咱们公司在招聘过程中是不是更愿意招聘专业出身的人才？

郭：不一定，除非是有特别要求的，基本上我们还是要看你是否适合这个职位，我们还是认为兴趣是最好的老师，如果这个学生他应聘的职位并不是他所学的专业，但是他非常喜欢这个职业，对这份工作很有热情，这也会非常打动我们。像我们现在招聘的许多市场销售人员，很多都是工科出身的，事实证明他们做销售也很出色。所以我还是建议现在的大学生在读大学的时候，要注意培养自己的兴趣，一旦知道自己的兴趣所在，不要躺在那里空想，很重要的一点是要有行动，这时候的实践对你将来顺利改行会很有帮助的。

其实有时候我们会有意识地招聘一些不是专业出身的人才，因为其他专业的人，视角会不一样，可能更能有出人意料的惊喜，而且不同专业的人加入进来，会丰富这个团队的文化和整个公司人员的知识架构，这是我们愿意看到的。

卡：但是对某些工作来讲，可能是专业出身的人来做会比较好一些？

郭：你说得很对，比如技术类和财务类的，还是专业出身的人来做比较好一点，但另外一些职位，像做销售啊、人事啊、行政啊，相对对专业的要求就不会那么严格。

卡：很多人会非常执著，一定要找一个专业对口的工作，您给这部分人一些建议吧。

郭：这是一个日新月异的时代，如果对改变比较畏惧，接受比较慢，那么你会活得很辛苦的，因为说到底，是你要来适应环境，而不是环境来适应你，没有必要死抱着自己的专业不放。有些学生会主动制造和迎接变化，他们在读大学的时候就开始考虑自己将来的职业生涯的规划，了解自己适合、喜欢干什么，然后开始有意识地朝这个发向去发展，而不会将眼光局限在自己的专业上，这样的学生是非常聪明的。如果你不知道自己适合干什么，建议你去找一些专业的从事职业咨询的机构，听听专业人士或者其他人的建议，给自己一个正确的定位。

卡：但是事实上，真的有很多人是比较中庸的，好像没有特别喜欢做的事情，该怎么办呢？

郭：我们行内有一句话说：如果你不知道自己喜欢、适合做什么，那么就先把自己的专业学好，先把自己正在做的事情做好。

卡：会不会有些专业放弃了是比较可惜的？什么样的专

业你是不建议他们轻易改行的？

郭：这个完全是要看个人的意愿，但是改行还是要慎重一点，不要等改完了，又后悔，又想回来，往往这时候已经回不来了，这样反反复复，对自己的时间和以往的积累都是一种浪费，对自己的职业生涯发展也很不利。相对来说，专业性强的行业改行要慎重一点，像技术类、医学类、法律类，等等，不要轻易放弃自己的专业，不要轻易被其他的东西所引诱，动摇自己当初的选择。

卡：有些学生可能非常喜欢自己的专业，那么他们怎样在毕业以后可以做自己喜欢的专业？

郭：八分靠自己的努力，只有两分是靠时机。如果你非常喜欢你的专业，那么在实习的时候，就要做相关的工作，或者在平时就要注意积累一些和自己专业相关的人脉资源。

卡：通过您的招聘工作，您发现现在大学生突出的优点和缺点有哪些？

郭：我们确实发现现在的学生知识面非常宽广，因为到了信息时代、网络时代，大家接触各种各样的信息非常及时，所以知识的积累比以往更加丰富。另外我们也发现现在的学生跟以往比，以往学术气比较浓，相对来说实践不是很多，现在的学生和以前不同，在学校已经参与很多实践活动，当他们来到公司的时候，动手能力和以往的学生相比有一个提高，这是我们看到的非常欣喜的转变。另外，现在的学生非常自信，他们更有信心表达自己,展现自己的才能。

比较突出的缺点是,我感觉现在的大学生韧性不够,所以大家在发展过程中除了自己的激情之外,还要具备韧性,遇到困难和挫折不气馁,可以不断朝自己的目标努力。还有就是现在的大学生不够专注和执著,别的公司薪水高一点就会跳槽。在快速变化的环境中,希望大家可以专注和执著,要知道你的目标是什么,你真正想要的是什么,不要轻易被其他东西所引诱。

基础篇

第一份工作是你的基础

- ⊙ 第一份工作相当重要
- ⊙ 尽早确立个人的职业发展方向
- ⊙ 不要轻率、频繁地跳槽

求职者档案：

赵金鳞，男，27岁，黑龙江哈尔滨人，2003年7月毕业于吉林大学计算机系，2006年7月进入神州数码（中国）有限公司担任高级软件工程师。

我毕业之前，没有参加过任何实习，不是因为我懒，而是因为在长春，软件环境不好，我们班的同学出去实习都和计算机没什么关系，都是做家教啊钟点工啊什么的，我觉得意义不大，所以就一直没有参加。

2002年10月的时候，就有很多公司去我们学校招聘，其中就有东软股份大连分公司。我很想去这家公司，因为学校组织我们去这家公司参观过，对这家公司算是有一些了解，总的感觉这是一家很适合刚毕业的本科生的公司，企业文化很成熟，但是当时我正在准备考试，非常忙，没有投简历，也错过了他们的笔试，后来是一个非常凑巧的机会，和我同寝室的一个男生通过了他们的笔试，要去面试，他非得让我陪他一块去，他说你带上简历，碰碰运气呗。我想想也是，就陪他去了，也递上了自己的简历，给人家解释了一下我是因为考试错过了笔试的机会，但是我很喜欢这家公司，结果出乎我的意料，人家很爽快地给了我面试的机会。

或许就是因为原本没有抱什么希望吧，所以面试的时候我的表现很实在很放松，和面试官聊了聊对自己将来发展的一些设想，对自己性格的一些分析，还有对计算机行业的一些分析，可能面试官觉得我还是挺有思想的吧，整个面试过程很开心。面试之后大概一个月吧，就通知我被录用了。

其实我一直有一个梦想，想去北京工作，因为我觉得北京的软件业比较成熟，机会会很多，而且能开阔眼界，但是我冷静分析了一下，觉得自己不适合一下子就来北京，北京毕竟是首都，人才济济，没有过硬的实力是立不住脚的，另一方面，北京的公司都是很现实的，首先看重的是你能给公司创造什么利益，它会希望你的试用期越短越好，最好来了就能独当一面，大多数公司不会花力气去培养你，等待你成长。

我觉得对于本科生来说，第一份工作是非常重要的，薪水不是这时候需要着重考虑的，够生活就行了，最重要的是所就职的公司能有一个比较成熟的企业文化，在这样的公司工作，潜移默化的影响，可以帮助你养成一些非常好的工作习惯、形成好的工作态度、掌握科学的工作方式以及学习的方法，这些都是要在初涉职场后一两年之内培养成的，如果你一开始接触到的不是很正规很科学的东西的话，以后再改也改不过来了。很幸运的是，东软就是这样一家公司，对新员工非常爱护，公司文化非常人性化，愿意给员工提供学习、成长的机会，可以说各方面都适合从一个学生到一个职场人的过渡。

在东软工作的时候，我心里一直很清楚，我是不会在这个地方工作一辈子的，我的目标是去北京，可以说在东软的那两年里，我一直在为跳槽做准备，这种准备主要是技术上。那时候我开始接触到 JAVA 这门编程语言，并且逐渐意识到这是一项可持续发展的技术，它的思想比较先进，而且这方面的人才很缺，我认为在这条路上发展下去还是很有前途的，所以我当时心里有一个大致的计划，想把这门技术作为未来个人职业发展的方向。

在东软工作的最大收获是我学会了怎样去自学计算机方面的知识。一开始的时候，我在工作中遇到什么问题，都是去问上司问那些老员工，后来有一次，我们有一个新的项目，需要用到许多新知识，公司里的同事基本上都不会，只能大家都来现学，然后在一起交流。在这个过程中，我在网上查资料，突然发现在网上其实是有许多工具可以拿来用的，这一发现让我一下子有种“开窍”的感觉。以前我遇到问题，都是想到去问人，这之后我遇到问题，首先想到的是去网上找工具自己解决，这样一来，工作一下子变得简单了，效率也高了，以前一天的工作现在半天就能完成，这让我非常兴奋。后来我和其他同事接触，发现许多工作五六年的老员工都不知道网上有许多工具可以运用，所以他们根本就不去找。这样我在公司的工作表现就显得很突出，记得当时公司领导对我的评价是：聪明、效率高、工作认真、学习能力强。可以说在东软的工作，为我的职业生涯打下了非常坚实的基础。

在东软工作到第三年的时候，我开始在网上给北京的一些公司投简历，后来接到了华为北京研究所的笔试通知，当时还是很高兴的，觉得是华为啊，名气很响。笔试之后，是技术面试，之后是人力资源的面试，记得最后一轮面试主要聊的是我怎样看待加班问题，我也没说什么公司利益高于一切之类的客套话，只是说根据工作情况，需要加班就加。对方还问了我老家是不是在农村？问我每个月是不是给家里寄钱？我猜他们问这样问题的目的，是因为他们喜欢出身农村的人，喜欢有责任感的人。

我顺利拿到了华为的录用通知，真的很激动：啊，我终于可以去北京了。但是我在华为工作两个月之后，就发现自己并不适合这家公司，首先我根本不能认同他们倡导的“土狼文化”，要知道如果你根本不认同一个公司的企业文化，那你呆在那里会觉得很难受；另一方面，也是最重要的一点，我感觉在华为与我个人所期望的职业发展方向是不吻合的，我一直希望自己在JAVA这门技术上有所发展，而在华为，接触到的JAVA技术都是程度很低的，可以说是远远低于我当时所拥有的水平，从这方面来考量，我认为这份工作对我个人发展是没什么积极意义的，既然如此，再在这个岗位上呆着，就是浪费时间。

我又准备跳槽了，陆陆续续去一些公司参加面试。这个时候我的自信心空前高涨，我对朋友说，我一定要在一个月之内把工作的事情解决了，以我的实力应该是没有问题的。我给自己定的价位是月薪8000—10000元，结果第一次去面试的时候，我刚刚说出我的薪资要求，基本上就被拒绝了。除了薪水定得过高之外，我对自己水平估计得也过高，那个时候真是“初生牛犊不怕虎”，很狂啊。去一家公司参加笔试，我一看他们的笔试题太简单了，根本就不屑于做，掉头就走。还有一次参加面试的时候，那个面试官说话声音特别低，我不得不提醒他：麻烦您再说一遍。结果一连提醒了三次，我就烦了，说：我觉得我不适合这个工作，就拜拜了。那个时候我参加面试的态度基本上是：此处不留爷，自有留爷处。可是接下来连续面试了四五家公司都没有成功，我自己开始有些坐不住了：是不是我对自己估计过高啊？这个怀疑自己、需要给自己重新定位的过程是挺痛苦的，当时我都不想在北京呆了，心想还不如回大连算了。那段日子我经常和朋友出去喝酒、聊天，抒发郁闷，主要也是想听听朋友们作为旁观者的建议，结果他们都一致认为：你太狂了，自我定位太高。

我还是一个能听进别人意见的人，大概用了半个月的时间来适应这个落差，给自己重新定位，后来给自己定的薪资是6000—8000元，这个价位还是比较合适的。再去参加面试的时候，我的态度就诚恳多了，态度一端正，工作机会也就多了起来。最终我在几家公司中选择了神州数码，主要是考虑到它涉足软件业时间不长，起步阶段非常需要人才，也很容易出成绩，员工也会拥有更多的机会，这时候换工作的话，已经不是以学习为目的了，主要还是考虑到个人发展。

后来在神州数码的工作经历也证明我的选择是对的。领导和同事对我的工作都很满意，这个时候我在东软打下的扎实的基本功就显露出来了，首先是我的工作效率很高，经常别的同事累得要死要活，我却觉得很轻松；其次是我的工作态度非常严谨，比如写代码，一般人写完代码，也就是检查一遍，但是我会反复检查，发现问题马上修改。所以说，我现在经常告诉那些刚毕业的大学生，第一份工作是非常重要的。

我是去年7月进的神州数码，年底的时候，我们的负责人调到其他项目去了，由于我的表现一直不错，领导就让我当了负责人。我很想借着这个机会，让自己不仅仅在技术上有所提高，还要在管理方面、与人沟通方面全方位提高。

目前我没有跳槽的打算。

我的求职经验

* 其实各种各样的招聘会并没有什么用，当年我们计算机系有 300 多人，真正在招聘会找到工作的寥寥无几，还是在网上投简历比较靠谱。
* 实际上招聘的时候笔试成绩并不太重要，主要是因为应聘的人太多了，如果每一个人都面试的话，招聘方工作量会很大，笔试主要的目的是为了刷人的，如果你笔试没有通过，但是你又特别想获得这份工作，你可以勇敢的去为自己争取面试的机会，一般来说获得面试机会的可能性还是比较大的。
* 和应聘单位谈薪水的时候，基本上对方第一次和你谈的价位就是最高的了，而不是我们想象的对方会先说一个比较低的数字，留一个讨价还价的空间，一般的大公司都不会这样。
* 如果是竞争对手的公司来挖你，你要尤其慎重，有好多公司为了打击竞争对手，会用各种手段挖人，也许它并不是真的很需要你这样一个人才，其实它把你挖过去之后，也就是让你在那里呆着，你要很冷静地辨别对方的真正意图，而不要被一时的利益所引诱。
* 刚刚毕业的年轻人容易意气用事，和领导或者

同事有些小摩擦，觉得不爽了，就立马走人，这是非常幼稚的。

* 即使已有跳槽的打算，也要认真面对手头的工作，不要因为有了跳槽的打算就不在乎正在从事的工作，马马虎虎得过且过，这是最要不得的一种态度。对自己不负责任，也是不尊重公司发给你的薪水。
* 要对自己有个客观认识，不要把自己估计得太高，尤其是在工作两三年之后，很多人都会对自己估计过高，所谓满瓶不动半瓶摇吧。
* 工作两年以后一定要确定一个至少在三年之内的个人职业发展方向。
* 不要轻易、频繁跳槽，因为你只有在一家单位工作相当长一段时间以后，才能积累起一定的人气，才能让领导对你的能力有一个全面的认识，每到一个新公司，又要重新开始适应、磨合，无形中浪费很多成本和资源，这对自己的发展是非常不利的。决定跳槽与否的最根本理由应是你觉得现有的工作和你的个人发展方向背离，而新公司更适合你的发展，如果仅仅是因为对方的薪水高一点就跳槽的话，其实往往是得不偿失的。举个例子来说吧，你现在的月薪是 5000 元，有一家公司给你 8000 元，你

肯定会蠢蠢欲动对不对？但是你再冷静下来想一想，如果你跳了，也许两年以后，你的薪水还是 8000 元，但是如果你仍呆在原公司，因为工作时间比较长，有了一定的群众基础，领导对你也比较信任，没准两年以后，你就成为公司的骨干了，变成骨干以后，除了工资会涨以外，你还会有股票啊期权啊，其实薪水对员工来说是微不足道的，真正有价值的是成为公司的骨干。

* 不过该跳槽的时候就大胆地跳吧，该出手时就出手，不要犹豫。

我给在校大学生的建议

1. 我可以负责任地说，就计算机这个专业而言，现在学校里学的东西，基本上在工作中没什么用。如果你是学计算机的，而且本科以后不准备考研究生，学校里那些考试考过去就行了，可以把剩余的时间用来关心一些前沿的技术，不需要懂得怎么用，但是最起码你要了解它的原理。这样将来在面试的时候，你的学习能力可能会给面试官留下很深的印象，因为你是本科生，对方对你的学习能力会非常看重，他要培养你，如果你学习能力不强，成长很慢，他不会拿出那么多的时间和金钱来等你成长。

2. 在学校里学的东西，如果是自己比较喜欢的、将来准备从事的专业，可以好好学；如果是自己不喜欢的，将来也不准备从事的专业，考过去就行了，没必要把过多的时间放在上面。

3. 虽然目前的就业形势很严峻，但是也不能饥不择食，随随便便进一家单位，第一份工作还是很重要的，至少要对这家单位有所了解，不能稀里糊涂地就去了，这是很不理智的做法。要找一个企业文化非常成熟的公司，让自己形成良好而正规的工作方式、工作习惯和工作态度。

专家访谈：
慎重选择自己的第一份工作

受访者：宝洁北京市技术有限公司人力资源经理郑云端先生

卡：对于刚毕业的大学生来说，第一份工作是不是特别重要？为什么？

郑：是的。我发现有很多大学生在找工作时都抱着这样一个想法：先找到一个工作再说，或者是：没关系，大不了过一年再换一份工作，这都不是对自己负责任的想法。如果你没有很好地思考过自己的生涯方向，只会不断地重复这种选择，不断地重复获得郁闷、平淡和痛苦，而且还会浪费刚刚工作时这个黄金时期的经验的积累。就如同我们挖井，当你做好了充分的分析和准备，在一个选择好的地方坚持不懈地挖下去，是在不断地向成功接近，但如果你今天选择在东方挖，明天选择在西方挖，很可能的结果是你挖了一生也不见水。还有人会说，我在不断更换工作的过程中正是不断地在学习各种不同的经验，提高我的能力，能力在提高可能没错，但如果方向不正确，这就好像一个人上路远行，他自己不识路，却选择了最好的马，最好的车，能保证他到达目的地吗？如果方向不对，只会越走越远。

第一份工作的背景在很大程度上会影响一个人的价值评价，如同一块石头，你把它放在菜市场卖，只能卖个菜价；你把它摆到玉石店中,就会升值。如果这块石头先在菜市场后到玉石店,人们就会怀疑:会不会是假的?是不是看走眼了?相反,如果这块石头先在玉石店后在菜市场,人们也会相信:这是流落民间的宝玉啊!

第一份工作决定着你未来的道路，所以大学生一定要慎重地选择好自己的第一份工作。

卡：那么在选择第一份工作时，最应该看重的是什么?

郑：有一句话是这样说的:对于处在职业生涯初期的人来说,对自己锻炼最大的工作就是好工作;对于处在职业生涯中期的人来说,收入高的工作就是好工作;对于处于职业生涯后期的人来说,最大地实现自己人生价值的工作就是好工作。我很认同这句话的理念。基本上,对于初涉职场的大学生来说,应该看重的不是交通、职位、薪水、公司的名头,而是看这份工作能不能最大程度地锻炼自己各方面的能力，比如：专业能力、表达能力、沟通能力、判断能力、商务谈判能力、思考能力、管理技能等。这些能力才是实实在在的,别人拿不走的,是你真正可以依靠的。

卡：大学生在第一份工作中经常会犯的错误是什么?

郑：我曾经遇到过这样一位大学生,在学校时是属于那种校园里的风云人物,是学生会主席,还是校报的主编,毕业后进入了一家世界500强企业，但是他非常适应不了公司的管束和职场的规则,这是一种;还有一种是自己豪情万丈,一进企业就给企业提了很多建议,但是却得不到领导的回应,于是感到特别失望,觉得自己在企业里根本就是一个无足轻重可有可无的人,充满了怀才不遇的挫败感,立马想辞职,这都是一些很幼稚的做法……初涉职场的大学生之所以会犯这样的错误,我想最根本的原因是我们这些大学生还不了解学校规则和职场规则之间的区别。

卡:那么刚从学校转入职场,大学生们必须做哪些调整和转变呢?

郑:首先是学校对你的要求和企业对你的要求是不一样的,在学校里你只要把书读好就行了,而企业会要求你有责任心、上进心和事业心,其次你必须了解企业的规则和理念,并且认同它。在学校里读书,是你花钱去买知识,你是客户;而职场里是企业提供一个岗位给你,让你去赚钱,你必须让对方满意。我知道这样一个例子,一个武汉的女大学生,去应聘商场的迎宾员,但是人家有个要求,就是必须剃光头,于是她毫不犹豫就去剃了光头,结果她得到了这份工作。还有的大学生随便惯了,总是一身T恤,但是公司要求着正装,你就必须无条件地按它的要求办。第三点是在自我管理方面,在学校时你自己管好自己就可以,但是在企业里你必须具备团队合作精神,尤其是刚来的大学生,可能要更多地承担一些初级工作。最后一点就是学校里的环境是一种学术氛围,大家都是学生,没有太多的竞争关系,但是在公司里同事之间往往存在着激烈的竞争,你必须要适应这种竞争。

卡：那您认为大学生在选择第一份工作的时候，最好选择什么样的单位会给以后的个人发展打下一个良好的基础？

郑：对于这个问题我想这样回答：如果一位大学生，一毕业就很幸运地进入世界500强企业，当然是一个非常不错的开始，毕竟这样的公司在各方面都比较完善了，而一个小公司，需要自己去摸索的东西可能要更多一些。但是现在有个统计，是说从500强企业出来的人，创业的成功率相对要低。我想这个还是能说明一些问题的，那些大公司，有很完善严谨的规则，大家都是按规则办事，但是在现实生活中，更多的是人与人之间打交道。究竟是大公司还是小公司更适合大学生，我想是各有利弊吧。

卡：现在很多大学生刚参加工作喜欢频繁地跳槽，您认为这样做是否可取？

郑：每个人跳槽都要根据自己的实际情况来确定，有的人如果收入的确很低，生存都成问题，那么他如果有一份更高收入的工作，这种跳槽我还是支持的，首先要活下来嘛。还有一种情况我也是支持跳槽的，就是如果你遇到一位非常赏识你、信任你，愿意给你发展机会的老板，那你干吗不跳呢？

如果不存在以上两种情况，我认为大学生跳槽还是应该慎重的，因为有些跳槽是要付出代价的，比如，如果你跳槽的话，你在原单位积累的人脉就可能有所损失，另一方面，别人可能会对你产生一些负面的看法，觉得你这人很不稳定、踏实。而跳槽对个人最大的伤害是自己对某个领域了解得还不够深入和完善，就放弃了跳到另一个领域去，这是非常可惜的。

求职是一个长期准备的过程

- ⊙ 大一时就要对自己的大学生活有详尽的规划
- ⊙ 大学时尽可能多犯错误
- ⊙ 尽早为求职做准备

求职者档案：

闻宾，男，25岁，北京人，2004年7月毕业于北京机械工业学院管理信息系统专业，同时进入通用电气医疗集团研发部担任研发人员。

我高中时的学校是大名鼎鼎的汇文中学，一所重点中学，人才济济，记得有一年高考我们学校考上北大和清华的足有50人！我在班里属于学习不好的，说出来也不怕人笑话，我还考过倒数第一呢！所以当年高考的时候，我对自己能不能考上大学还真没把握，为此我还去广济寺烧过香，我的祈求很简单：至少得让我有个大学上吧。到现在我还记得知道高考成绩的那一天，北京下着大雨，我一个人在街上走，当时我心里很清楚以自己的分数肯定有大学上，但是肯定也不会是什么好大学了，心里还是有一些遗憾的，特别是看到我的大部分同学都考上了理想的大学。不过我天生是个乐观主义者，很快就调整好了自己的心态，我这么告诉自己：既然已经考砸了，那也就没必要把时间浪费在追悔之中，眼下最要紧的是考虑四年之后，怎么样在找工作上面不输给我的那些考上名牌大学的同学。

几乎是一进大学校门，我就给自己订了一个详尽的四年计划：第一，进学生会；第二，当班长；第三，多参加体育运动，对于这一点我是这么考虑的，很多时候，我们想要体验极限的感觉，在精神上是很难达到的，但是在身体上还是很容易达到的，所以要想在生活中体验极限的感觉、锻炼自己的韧性，只能通过体育运动，这主要也是为自己以后身处职场打基础吧——工作中的很多压力会让你感觉根本不可能坚持下去，可是如果不坚持你就完蛋；第四，尽可能多地出去找工作，在实际工作中磨练自己。可以说前三项计划我都轻松地如愿以偿了，刚一入学的时候，我就直接找到班主任毛遂自荐：我想当班长。班主任很欣赏我的勇气，而且他也认真看了我的简历，对我这个人还是有一个基本的判断吧，所以我很轻易地就当上了班长，而且一当就是三年。然后我就开始竞选学生会外联部部长，顺利当选，这在我们学校当时也算是个例外吧，因为一般担任学生会部长的都是大二、大三的学生，很少有大一的。这些经历让我明白：其实很多事情，我们总是会被自己想象中或者常识性的困难和障碍所吓倒，其实只要敢想只要去做，那就没什么不可能。

从大一开始，我就开始出去找工作了，按照当时的情况，我找工作是有些难度的，我仔细想了想，发现自己唯一可以用来找工作的特长就是我会装电脑。我接触电脑算是比较早的，还在初中的时候家里就买电脑了，当然在那个时候，家长是绝对不会允许你拆的。但是我属于那种好奇心极强的人，你越是不让我拆我越是要拆开来看看，一来二去，我装电脑装得非常熟练，而且对中关村也比较熟，我就想干脆去中关村卖电脑吧。当然一开始也没人相信我，我在中关村电脑市场问了十几家，没有一家愿意给我机会，问到最后我自己也有些沮丧了，索性把心一横，提出可以先试用我10天，不要工钱，管我一顿饭就行。这样我得到了我的第一份工作。

坦白说，这份卖电脑的工作我做得并不好，可是我装电脑很快啊，“一招鲜，吃遍天”，所以10天以后我还是得到了这份工作。做了几个月之后，我觉得自己对这份工作的每一个环节基本上已经了解了，再呆下去也是浪费时间，而且当时我想找一个能坐下来上班的工作，找一家好一点的公司，因为我知道有一个在大公司工作的背景和经验对我将来毕业以后找工作会很有帮助的。所以我向老板提出辞职，他不舍得我走，要给我加薪，可是他不了解，我找工作，并不是为了钱，而是为了从各方面磨练自己，为自己将来的求职做好充分的准备，所以我还是义无反顾地离开了。

之后我就去了华尔街英语，是一家专门做英语培训的公司，刚进去的时候，安排给我的工作是站在街上发小广告。也许这是很多人都不屑干的，但是我都是很用心地去做，其实发小广告也是很有学问的，要发给合适的人，要找到合适的地点，还要找到合适的时间。或许是因为我的用心吧，我很快在公司一堆发小广告的员工中脱颖而出，陆续承担了许多重要的工作。先是老板发现我作表格非常快，就让我作报账，一般作报账都是别人把数字汇总上来，我给填进表格里面，后来慢慢变成我去收集数据，再往后，整个团队的工作也都由我来安排了……那个时候精力真是充沛，总觉得工作量不饱和，所以自己主动去找事情做，越是累，越是快乐。

在这家公司的经历给了我很多自信，唯一不好的地方是当时公司在国贸，而我的学校在清河，来回跑实在是太远了。后来我和老板说没法再坚持下去了，他说什么也不让我走，为了挽留我，他说：这样吧，我们签订一个协议，你继续留在这里工作，我呢，送你一个课程让你免费去学。要知道当时一个课程的学费是很贵很贵的，有一个免费学习的机会，我当然没有拒绝的理由，所以就和他签了那个协议。不过签完这个协议不久，这位老板也离开了这家公司，所以我们这份协议并没有被严格地履行，我一边在那里上课，一边找个机会就离开了。如果说我现在的英文能力在同龄人中还属于出色的话，那我要特别感谢给我这个学习机会的老板。之后我就去了创新科技，是一家新加坡公司，它是世界上造出第一块声卡的公司，实力很强，当时他们做了一个“诺曼开口说”的教学软件，因为我有之前在华尔街英语的工作背景，所以我很轻易地获得了这份工作。

也许我的经历会让很多人觉得迷惑——你要工作，要负责学生会和班级里的工作，那你哪还有时间学习啊？你是不是需要经常旷课？如果是的话，那你的老师和同学对你没有看法吗？是的，的确是这样，这些问题都是我在整个大学期间最头疼的。一方面，因为课外工作太多，我经常需要请假，其实我觉得老师从内心来讲，永远是希望自己的学生有出息的，你只要让他知道你是去干正事，基本上他是不太会为难你的。而且我一定会给老师一个承诺，那就是我保证每一次考试成绩都会进入班级前 10 名，而事实上，我也的确是做到了这一点。另一方面，和同学之间也会有矛盾，会有人心理不平衡，凭什么闻宾就可以请假啊，然后告我的状。这些事情挺让我头疼的。我们原本是 8 个人一个宿舍，大三的时候，要改成 6 个人的，这样就有两个人要出去。谁都知道调配宿舍是很麻烦的事情，我完全可以将这件事情交给老师处理，但是我觉得自己是班长，没必要将什么事都推到老师那里，再说老师也未必了解宿舍里的情况，所以我自作主张安排两位同学搬到其他宿舍，我这样安排真的是出于好心，因为这两位同学是好朋友，一起搬出去也好有个伴啊，可是这两位仁兄不干了——凭什么我们搬出去你不搬出去啊？然后给我一状告到学校里。

我心里当然很委屈，觉得这两人真是不知好歹。后来我的一位同学说我：你这人呢，就是太主观太自我，要知道，也许你的蜜糖，是别人的砒霜。这位同学的话让我警醒，的确是这样，一直以来，我总是很强势，认为自己的想法是万无一失的，不太照顾、尊重别人的想法，那之后，我就很注意和别人沟通，学会倾听、了解别人的心声，学会这一点，的确帮助我在很大程度上改善了和同学之间的关系。

大三的时候，学校改选学生会主席，当时我已经是学生会的秘书长了，我觉得这个学生会主席一定是非我莫属，无论是从学习成绩、工作业绩还是群众基础来说，我都是最拔尖的，尤其是群众基础，我敢说学校里百分之八十的学生都是支持我的。可是我渐渐发现存在着不同的声音，这些声音来自学生会内部，也就是说，即使大部分学生都支持我，但学生会内部的人却不认同我，后来他们另外推选了一个候选人出来和我竞选。他们的做法的确让我很受伤害，我长时间地反省自己——为什么会出现这种状况？后来想想出现这种状况也不奇怪，因为我平时也经常不认同他们的做法。比如学校开运动会，要走仪仗队，主要是学生会负责这件事情，他们让好多学生每天五点钟起床集合，一练就是半天。我觉得完全没有必要这样，后来我就说我不和你们玩了，你们排练仪仗队，我排练花束队，咱们各练各的。我让我的队员每天八点半起床集合，只练 20 分钟，练完了回去吃饭，这一来仪仗队的学生不干了——怎么人家可以这么晚起这么早走啊？我的这种做法无形中让别的带队学生干部的工作很难做。事实上我在学生会工作期间，类似的事情还有很多，所以他们不支持我也是可以理解的。

我面临这样一种情况，那就是我能够成功当选学生会主席，但是即便我当上了，我的工作也很难开展，因为学生会内部的人不会站在我这一边的。这对我来说的确是一个痛苦的选择：当学生会主席是我的人生计划之一，也是我一直以来努力的目标，但是如果当上了却做不好工作，那还不如不当。我最终选择了退出这次竞选。有一段日子我为此很消沉，我的老师说我：你永远不要以为你做的所有的事情都是最正确的，你也永远不要以为自己有多牛！话是难听一点，但是痛定思痛，我不得不承认老师的话是对的。要做一个谦逊的、诚恳的、善于和他人合作、善于化解矛盾的人，这是这次竞选事件给我的最大教育。后来，我考虑到自己当班长已经有三年，其他班的班长都换了好几个了，但是我们班的一直没换，我觉得应该给别人一个机会，所以主动提出了改选班长。

结束了学生会和班级的工作，已经到大四了，我面临着找工作的最关键时刻，当时我有两个选择：要么惠普，要么通用。也许是我大学四年对自我的充分历练，让我和别的来应聘的大学生相比起来素质更全面且更具有发展的潜质吧，拿到通用的 Offer，过程轻松得令我有些意外，我记得只是测试部门经理问了我一个专业的问题，然后就是大老板问我通用都生产一些什么。在这之前我特地找到在通用工作的熟人详细了解过公司的情况，所以这些问题根本难不倒我，因为当时通用刚刚收购了 NBC，我甚至和大老板聊了聊这方面的话题，他非常惊讶我能了解这么多。

我毕业于一所普通的大学，却最终能在世界一流的公司里工作，我要感谢我这大学四年为求职所做的充分准备，也要感谢所经历的那些挫折，是这些经历让我迅速地成长，最大程度地完善了自己。

机会属于有准备的人。

我的求职经验

✱ 很多人在面试的时候，喜欢用自己的语言去讲，对方是听不懂的，要用别人能听懂的语言讲话。比如陈述自己的工作经历，不是上去就讲我在什么公司什么部门做什么工作，你要讲我在什么公司，这个公司是干什么的，在行业里处于什么样的地位，这个公司的主要竞争对手是谁，你讲了这四点之后，哪怕对方只理解其中的一点，他也大概能了解这个公司是干什么的了。然后你再说部门，即使部门名称相同，但在不同公司它的具体职能还是不一样的，比如同样是市场部，创新的市场部和通用的市场部是完全不一样的，你要讲这个部门主要从事的业务范畴是什么，在整个公司的业务链范畴内它的具体职能，你在这个业务部门里承担的职务是什么，业绩是什么。还有在谈自己的校园经历的时候，很多人不知道可以讲什么，比如说你干了一件很小的事情，在校园里卖矿泉水，挣点零花钱，你要这么说肯定没意思，但是如果你讲述卖矿泉水是怎样的一个过程，你首先要去进货，但是没钱，你要和人赊账，要说服别人相信你，等等，这样一个过程讲出来之后，虽然卖矿泉水是个很小的事情，但是对方会从你的讲述里判断出你的能力。

* 面试时务必关掉手机。我应聘华尔街英语的时候，当时有很多面试者手机响了，结果所有这些手机响的人都没有面试机会，我当时很侥幸，因为我也没关手机，而是手机恰好出了毛病，但是这件事情之后，凡是和人谈重要事情时我都会关掉手机。

我给在校大学生的建议

1. 在你整个人生中，有很多种模拟阶段，大学是最后一次模拟了，你出现任何差错，基本上也是不负责任的。但你走入社会之后，你再去犯点什么错误，就一定要替这个错误承担后果。可是如果你从来没犯过错误，你就不会知道什么情况下你将犯错误，这个在社会中是非常危险的。所以师弟师妹在大学里面应该多参加点活动，主要的目的是多犯些错误，多在错误中总结经验吸取教训，可能会让你以后的路好走一点。

2. 早做准备。好多人认为上大学就可以轻松一些了，要知道大学不是给你放松的，应该尽快调整好自己的心态，你在大一的时候就要想好这四年怎么过，制定一个计划。
3. 一定不要和自己的老师对着干。如果你从心里不认同自己的老师，那你自然很多事情都会和他对着干，而人是相互影响的，老师自然也会很多事情和你对着干，最后吃亏的还是你自己，遇到分歧时应该尽量和老师去协调。
4. 一定要好好学习，不要放弃任何学习的机会，到目前为止，我还没有遇到过有一门课是学了没用的。
5. 遇到困难和问题，多和过来人交流，尤其应该重视父母的意见。

专家访谈：

不打无准备之仗

受访者：清华大学就业指导中心主任欧阳沁先生

卡：现在很多大学生都是在大三大四的时候才开始张罗找工作的事情，您认为这个时间是不是合适？

欧阳：应该说，如果是找一份具体工作，从大三大四开始是不晚的，但是我们认为对自我的认知和对职场的认知，应该是从大学一入学就可以开始的。进入大学之后，要对社会、对职场、对自我有充分的了解，要知道社会的需要是什么，然后全方面有意识地去完善自己，提高自己的综合素质，这对于大学生之后的求职会非常有帮助。其实现在许多高校都意识到了这一点，在清华有三门选修课，是关于职业辅导的，大一的学生也可以选修。可以说从入学开始就要有这样的意识，好好规划自己的大学生涯。

卡：在校大学生要为求职做哪些准备？

欧阳：最关键的，第一点是要提高自己的综合素质，这是一个人最重要的竞争力，一个综合素质高的人，不管他到哪个岗位都是比较受欢迎的。第二点，每个人的特质都是有区别的，因而每个人适合的职业也不一样，人只有在自己适合的工作岗位上才能发挥出潜力，所以要了解自己所适合的行业领域，了解自己的性格有哪些缺陷，然后有针对性地完善、培养自己。

卡：那您有没有发现大学生们在求职时存在着某些误区？

欧阳：我发现现在的大学生找工作只看重一些眼前的东西，比如薪水啊、职位啊，但是却不是很看重这份职业是不是有一个长远的发展，这是很错误的。还有一点是，我发现现在很多大学生在求职时盲目地大量投递简历，这样其实是最没有效果的，之前要对所应聘的企业有了解，有针对性地投递简历，这样成功的概率会高一些。另外一点，就是很多学生不注意求职时的礼仪，比如着装、发型、说话时的语调和措辞，这些都应该提前准备好。

卡：在您工作的过程中，有没有发现在求职准备方面做得特别好的学生？

欧阳：有的，比如我认识一个学生，他在班级里的学习成绩仅仅是中等，但是他很早就开始为自己找工作做准备，注重自己综合素质的提高，培养自己沟通协调的能力，在别的同学还没有找工作意识的时候就开始行动了，不断地为自己寻找实习的机会，多方面搜集各行各业的信息，很早就开始准备自己的简历，把自己的简历做得非常的规范、漂亮，最后被麦肯锡公司录用。所以说成绩好坏并不是能否找到好工作的绝对因素，我也遇到过在学校里学习成绩很优秀的学生，但是由于不擅长沟通，不擅长对自我的营销，所以最后往往找不到理想的工作。

卡：还有没有您认为非常有必要给求职大学生的一些建议？

欧阳：有这么几点：第一，大学生在学校时应该更好地去拓展视野，多了解国家和社会的需求，再来决定自己的择业方向；第二，要及早为求职做准备，不打无准备之仗；第三，要有一个好的心态，以非常积极的态度去迎接挑战。只要能做到这几点，我相信大部分学生都能找到满意的工作。

优势篇

总有一份工作是适合你的

- ⊙ 做自己擅长的事
- ⊙ 自信来源于自知
- ⊙ 认准的事，坚持不动摇

求职者档案：

李钊，男，27岁，北京人，2003年7月毕业于北京工业大学应用物理专业，2006年5月进入腾讯科技（深圳）有限公司担任交互设计师。

一直到现在我都不太理解我爸当初为什么会给我报这么一个专业，可以说我从来就没有喜欢过，上大学的时候我心里就很清楚我将来是绝对不会干和自己的专业相关的工作的，但干什么呢？对这个问题我一直都很茫然。

当然我知道自己喜欢什么，我喜欢和艺术相关的东西，像绘画啊摄影啊，上小学的时候，我们班里的黑板报都是我出的，写啊画啊，乐此不疲。大学的时候，我听学校里的摄影讲座，一听就是两年。如果是按照我的兴趣，我当然是希望自己能够从事和艺术相关的工作，可是我也知道哪那么容易啊？就我懂得那么一点点皮毛，能做什么呢？

就这样稀里糊涂的，我大学毕业了，毕业的时候我的工作还没落实下来，就那么在家里呆着。好在我家在北京，好歹还有口饭吃有地方住，和外地同学比起来，生存上不存在问题，但是那心里也是暗暗着急，就怕亲戚朋友问：工作怎么样了？所以那段时间基本上都不出门。也是那段时间我开始接触到 FIASH 动画，挺有兴趣，就呆在家里自己做动画玩。我表姐到我家里来，她在北京档案馆工作，看见我做的动画就说：你这样无所事事哪行啊，你画画还不错，正好我们那儿的声像科缺一个做展板的，你来吧。就这样，我算是有了我的第一份工作，纯粹是为了工作而工作，那能怎么办啊，先混着呗。

在北京档案馆干了一个多月，家里的亲戚又给我介绍了一份工作，是去一家刚创办的小网站做网页设计师，我就去了。当时真是一头雾水，我哪知道怎么做网页设计啊，好在我们那个领导也不懂，如果懂的话，估计他肯定不会要我的。我就自己一边摸索一边做，还算是有些悟性的人吧，设计出的网页也差强人意，领导也是一直在鼓励我：不错不错，挺不错的。但是我自己清楚做得不好，所以那段时间特别害怕、焦虑，就怕领导交待一个设计任务，我的能力完成不了。因为在工作上完全没有自信，所以公司开会的时候，我即使有什么想法也不说，就是张不开嘴，总觉得人家都比我强，说出来让人笑话，整个人老是处在一种提心吊胆的状态中。那时候给同事的印象就是“蔫了吧唧”的。

在这家公司工作了有一年多，一直对于网页设计这份工作找不到感觉，老觉得自己没法驾驭，心里发慌。在这种心态下工作挺受罪的。那时候我想自己如果以后要从事设计师这个职业的话，一定要系统地学习一下。我们同事告诉我北京传媒大学的动画学院在招生，我就想到去考研究生了，而且如果我辞职，报考研究生也算是一个不错的借口。我们网站的领导待我不错，我很害怕自己突然辞职会让人家觉得这孩子不够意思。

2005 年的 10 月份，我辞职了，准备报考北京传媒大学的研究生，初试顺利通过，复试折了。那些日子对我来说真的是人生的低谷啊，研究生没考上，到处投简历，也没人理我，未来一片茫然，每一天都是煎熬，呆在家里闹心，我就一个人去了青岛。在海边，大风一阵一阵的，卷起沙子，我坐在沙滩上，整个人灰头土脸，像我灰头土脸的心情。

从青岛回来，打起精神继续找工作，这时偶然看到一本关于网页可用性设计的书。可用性设计是怎么回事呢？简单说吧，就是通常网页设计师总想着让网页怎么好看，而网页可用性设计是研究怎么样让网页设计得更人性化更方便使用，举个例子，网页上的按钮，是设计在左边更方便用户使用还是设计在右边更方便使用呢？那本书讲的就是这个，我一看就特别有兴趣，那本书我一个晚上就看完了，看完了之后有好多想法。恰好那时候有一家网站给我发了一个面试通知，我就用这本书里所表达的理念将他们网站重新设计了一遍，第二天就带着作品去面试了。去了就和人家谈这个可用性设计，他们恰好也刚刚有这么一个想法，所以就算是一拍即合吧，他们把我留下了。虽然留下了，但是谁都能看得出来我在可用性设计这方面也仅仅是知道一点皮毛，后来公司又请来了一位可用性设计方面的专家，让我跟着他干。我们俩的大部分时间都用在讨论上，或许因为我懂一点设计，又有着理科的背景，所以我的逻辑思维能力在这里就发挥出来了，比如网页上的按钮，并明确说出这个按钮放在哪个位置更方便用户，我能够说出道理来，关于网站的改版，我们讨论了一个多月，最后我的建议有一半被采纳了。可以说我的自信就是在这个过程里慢慢建立起来了，这是我第一次对一份工作心里有谱，这种感觉真是太好了，那些日子我经常没有来由的想笑，心里有一块大石头放下的轻松感，我想我终于知道自己适合干什么了——明白这一点对于我来说是多么重要啊！

可是好景不长，我们干了一个多月之后，网站的经营状况不太好，整个情况非常混乱，而且最重要的一点是，由于网页可用性设计是个非常新的理念，可以说是一个全新的领域，领导并没有真正意识到它的重要性，因此对这一块也没有足够的重视，我们提出那么多建议之后，真正能够在实际工作中应用的并不多，这让我们感到很沮丧，尤其是我，好不容易找到一份自己有把握做好的工作，却得不到领导的认可。不久之后，这家网站就倒闭了。

我又失业了。从心理上，这次失业比上次失业难受多了，因为这一次我是好不容易找到自己擅长的工作，却又要面临转行的命运——那时候我去网站应聘，和人家谈网页的可用性设计，好多人都不知道我说的是什么。其实现在想想也是可以理解的，任何一项新生事物的出现，都必然有一个让人接受、认可的过程，但是当时我却开始怀疑自己：这个行业会有前途吗？我的选择是正确的吗？我心里一点儿底也没有。但是冷静下来，我还是认为这是一项有价值有前途的工作，坚持干下去，总有一天会得到别人的认可的。

那段日子的生存状态，用一个词来形容就是“生扛”，真的就是这种感觉，完全是靠自己支撑着自己。偶尔出去参加面试，滔滔不绝地去给人讲解网站可用性设计是怎么回事，往往讲了半天，对方还是一知半解的神情。其余的时间就呆在家里看书、写文章。那时候我对于网站可用性设计已经有了许多自己的思考，有许多的想法需要表达，陆陆续续写了 30 多篇文章，发表到一个叫作“蓝色理想”的交流网站上，得到的回复都是：这是个小问题，根本不足以拿来讨论之类的。我心里很不服，觉得这种讨论明明是有价值的，你怎么能说没价值呢，你愿意和我坐下来讨论吗?!

我的父母虽然嘴上不说什么，但看我这么大人每天呆在家里，他们的心里是很着急的，我父亲每隔一个礼拜就装作很不经意的样子问我一句：工作找得怎么样啦？你能感觉到他是酝酿了许久才鼓足勇气问我的，问完了也不多说什么，因为他知道我的心里肯定也不好受，唯恐说多了会增加我的压力。我妈是一直比较信任我的，但是这会儿也有些稳不住了，隔三差五就劝我：别太挑啦，差不多就行了，先找个工作干着，骑驴找马嘛。父母对我的怀疑让我感到难以接受，那一阵子我觉得家里的气氛憋得我喘不过气来，人压抑得不行，我觉得自己要是再呆在北京会崩溃的，当时我的银行卡里还剩4000多块钱，我心一横，管它呢，出去走走散散心吧。我去了青海。

去青海时，是旅游的淡季，几乎没碰到什么游人，宾馆都关门了，我就住在藏胞家里，晚上，我坐在青海湖边的土坡上看星星，那真是我所看过的最美的星空和银河。从青海回来以后，我的心情好多了，我想起那些藏胞，真是什么都没有，洗碗都没有水，可是他们都活得那么自在，相形之下，我所遇到的这些挫折算什么啊，有什么啊，所有的烦恼都是庸人自扰，那时候我决定一定要在网页可用性设计这个领域里做下去，我坚信我所做的事情是有价值的，也是真正适合我的，再出去面试的时候，我的心态放松多了，你要我就要我，你不要我，也不代表我不行啊，是不是?

这样扛到2006年3月份的时候，转机没有任何预兆地降临了。腾讯公司给我发邮件，热情洋溢地说：哎呀，终于找到你了，我们在“蓝色理想”网站上看见你关于网页可用性设计的文章，我们公司非常需要这方面的人才，不知道你有没有兴趣来和我们谈一谈？

我当然有兴趣！我太有兴趣了！我简直是受宠若惊！接

下来的事情顺利得出乎我的意料，记得是腾讯的副总裁亲自面试的我，请我吃了一顿饭，聊了两个钟头，就决定用我了。而且整个过程让我觉得不是我找工作，而是他们邀请我去工作，这种感觉太爽了！记得接到腾讯通知我去上班的那个晚上，我独自坐在房间里，想笑，又想哭，这么多天的坚持啊，我容易嘛我！

现在我在腾讯工作快一年了，越是深入下去我越是觉得自己当初的选择和坚持是对的，在工作中我能够获得成就感，于是工作成了一种享受，现在在业内我也算是一名专家了。更令我感到高兴的是现在越来越多的网站开始重视可用性设计，我相信自己会有更广阔的发展空间，说实话，即使有一天离开腾讯，我也不用担心自己会找不着工作了。

我的求职经验

- ＊ 即使全世界都在怀疑你，你也要相信自己——天生我材必有用。
- ＊ 拿自己当回事，别人才会拿你当回事。
- ＊ 工作不仅仅是为了生存，更是为了自我发展和实现。
- ＊ 找到适合自己的工作。
- ＊ 处在人生的低谷时，告诉自己：咬牙扛一扛，没什么过不去的关口。

* 清晰地了解自己，知道自己的强项和弱项，自知的人才会拥有坚定的自信和真正的谦逊，遇事对人才会从容不迫。
* 真正自信的人会坦然面对自身的不足。
* 初涉职场时，不要被别人的优秀吓倒，其实人和人都差不多，告诉自己：如果我已经在这个行业干了两年，我也会和他一样优秀。

我给在校大学生的建议

1. 在大学里就要有这样的意识——注意发现自己的特点、特长，找到自己和别人不同的地方，才会有自信。
2. 适当保持自己的个性，不用改变自己来取悦、迎合别人，不用别人的评判标准来要求自己。这方面我个人的感受非常深刻，从小我在父母亲戚的眼中就是一个懂事听话的好孩子，我不想让别人失望，所以总用懂事听话的标准来要求自己，某种程度上压抑了自己的个性，也造成了某种程度的自卑和怯懦。
3. 大学期间，多参加群体活动，因为你只有把自己置身于群体之中时，才会意识到自己存在哪些问题，才会知道什么样的人在群体之中是受欢迎的，进而完善自身。

专家访谈：
适合你的才是最好的

受访者：北大方正研究院人力资源部招聘主管庞和女士

卡：您认为找到一份适合自己的工作，对于大学生有什么好处？对他们的职业生涯有什么良性影响？

庞：我觉得现在大学生找工作普遍有一个问题，就是目标不是很明确，还有一个突出的问题是比较追求一些表面的浮华的东西，比如公司的名气啊，薪水的丰厚啊，职位的高低啊。现在许多公司职位动辄就是什么主管啊经理啊，其实这种职位只是一个光环而已，实际上含金量是很低的，许多大学生会被这种表象所迷惑，而且出于一种年轻人的虚荣吧，什么什么大公司什么什么经理，他会觉得和人家说起来很有面子。我认为大学生找一个适合自己的工作，有这么三个意思：第一是要了解自己的能力，如果你的能力无法胜任那个职位，那最好不要去做；第二是要了解自己的兴趣，如果你不喜欢一份工作，你就不会有动力去学习，只是为了工作而工作，那你也很难做出成绩；第三要了解自己的性格，我认为特别有个性、具备独立思考能力的学生适合在小公司工作，因为大公司的体系非常庞大，你很难在短时间内崭露头角，会给自己的心理造成很大压力，也会对自己产生自我怀疑。相反，那些很踏实，不是很有野心的学生，适合在大公司工作。

当然如果大学生们在初涉职场时就能找到一份适合自己的工作，那可以少走很多弯路，节约很多职业发展的成本，而且那种潜移默化的良性影响无疑是巨大的。

卡：那在您实际工作的过程中，发现带着“要找一份适合自己的工作”这种意识来找工作的大学生多吗？

庞：说实话还是比较少的。好多大学生来找工作都是很盲目的，有时候我们会问他们对我们公司有什么了解？很多人都回答不出来，这就说明一个问题，很多人来面试都是很盲目的，他就是觉得有这样一个面试机会我不能错过，但是具体这个工作、这个公司，适不适合自己，都不会认真地去思考。

卡：您通常会从几个方面来判断一个人是否适合他（她）所应聘的职位？

庞：因为我招聘的技术人员比较多，那我就从技术人员来谈吧，现在计算机方面的技术人才非常之多，所以我们前期会设置一些硬性条件来做一个最初步的筛选，比如专业、学历，我们会严格按照公司的要求来筛选，之后呢，会对一些基本技能做一下考查，比如编程能力、你掌握的语言、你接触的项目等等，我们会根据这个考查结果安排笔试和面试，这一来又会筛掉相当一大批，最后留下来的，是比较适合我们职位要求的，接下来我们会从非技术因素来考查，比如性格，我们喜欢那种学习能力比较强、沟通能力比较强、自信、悟性强、比较勤奋、不是特别好高骛远、不是很自我、敢于直面自己弱点的具备团队合作精神的人，我们会尽可能在面试阶段，全方位了解一个人，以减少之后实际工作中的风险。

卡：现实生活中，其实很多人都不知道自己适合做什么，那么怎么样才知道自己适合做什么工作呢？

庞：对于一个毕业不久的大学生来说，可能只有很少的一部分人经过前期的调研、判断和思考，能找到一份适合自己的工作，但是绝大部分人都要经历挫折，可能要经历两三份工作之后，才能逐渐明白自己适合干什么，我觉得这个也是很正常的。

要想知道自己适合做什么，首先要对自己的性格、兴趣、专业、潜能有一个了解。现在有这样一个现象，很多大学生为了让自己将来在求职时有更多优势，他们会去考各种各样的证书，这其实是一个很肤浅的行为，因为他没有针对性，他也不知道自己掌握的这些技能适不适合自己，有没有用。但是有些大学生就很有目的性，比如有的人想进外企，他就会去考剑桥英语啊，去上托福啊，以提高自己的外语沟通技能，我们还是喜欢这种学生，因为大学生很容易盲从，一个宿舍里的人，看见别人学什么，我也跟着去学。

其次是要培养、明确自己的兴趣。大学会给你很多自由思考的空间，还有各种各样的讲座，大学生要好好利用这样的资源，拓宽自己的思路，培养自己的兴趣，兴趣很少是天生的，大部分都是后天培养的，很多大学生会有这样的困惑，啊呀，我该做什么呢，我好像对什么都没兴趣。如果你存在这样的问题，那你要努力给自己发掘、培养出一个兴趣出来，要去积极尝试没有做过的事情，也许你就会突然发现：原来我还是挺适合、挺喜欢干这件事的。

卡：现在都鼓励大学生先就业再择业，特别是对于那些家庭的经济条件不是很宽裕的大学生来说，你有什么样的建议？

庞：我认为如果存在生存压力的话，我当然是建议他们不要太较真，一定要找到一份适合自己的工作，可以先就业再择业。如果不存在太大的生存压力的话，我还是鼓励大学生们对不适合自己的工作说"NO"。

谈到这方面，说句题外话，现在有许多公司不喜欢招北京本地的孩子，认为他们比较浮躁、不太踏实，这主要就是因为北京孩子家在北京，不存在生存压力，所以他们在选择工作的时候都是以自己的兴趣为出发点，但是也有一部分公司会很喜欢招聘北京孩子，因为觉得他们思维活跃，是公司难得的新生力量，能给公司增加更多活力。

卡：那怎么样才能干上适合自己的工作呢？

庞：首先你在学校的时候要把自己的专业学好，对于我们来说，大学生都是一张白纸，那有什么能说明你的能力呢，只能是你在学校时的成绩。其次是多参加社会实践，在学校里的时候，可以帮导师做一些事情，因为同样的专业出身，有的学生在学校里除了学习，什么也没干，有的学生会帮助导师在实验室做一些项目,这都是很难得的机会,你可以学到很多的东西,虽然你也许从事的都是一些很基本的工作,有许多同学可能就是打打杂,但是我们还是会看重这样的经历,最起码你看到过那个事情是怎么做的,总比什么都没参与的那些同学在视野上要开阔许多。而且你能够主动去帮助导师做这些事情,说明你对这一行是很有兴趣的,我们当然希望招到对自己工作感兴趣的员工。另一方面,这也有助于你建立在这个行业内的人脉,对你将来进入这个行业是很有好处的,而且将来你即使在实际工作中遇到技术难题,你也有一个很好的请教对象,这也是我们很看重的。你还可以利用假期多寻找一些在你所准备从事的行业比较有建树的公司实习的机会,不要太在乎薪水的问题,有可能因为你的表现出色,会因此获得这个工作机会,这种事情在实际生活中是很常见的。再其次呢,就是对于社会上的一些培训,选择性地去参加,课本上学到的只是一些很基础的知识,可以通过社会上一些专业性的培训,让自己掌握的知识更具实用性,这也可以帮助你获得自己喜欢的工作,但是你要有所选择,现在各种培训实在是太多了,你要明白你是为了掌握知识才去参加培训的,而不是为了那个证书。还有就是你要对你所希望从事的那个行业有一定的了解,对这个行业的现状、发展包括和这个行业相关的公司,都要有一个前期的了解,即使你将来并没有进入某家公司,但是等你真正走上你的职业发展道路的时候,你对同行业公司有一些了解,那你就会比别人走在前面。

最后我要特别提醒大学生的是:在同等条件下,不要把薪酬的高低作为自己是否选择一份工作的标准，你应该选择一份最适合自己、职业发展前景最好的公司，当面临这种选择的时候，要多征求职场前辈、父母以及旁观者的意见，以帮助自己作出正确的选择。

勇气是我最大的优势

⊙ 女生在求职过程中可能会遭遇各种诱惑，在诱惑面前一定要把握住自己

⊙ 刚毕业的学生，其实各方面的条件都差不多，最后胜出的人也许仅仅是多了一些勇气

⊙ 有些事情一些人之所以不去做，只是他们认为不可能，其实许多的不可能，只存在于人的想象之中

求职者档案：

江瑾琳，女，江苏扬州人，2005 年 7 月毕业于南京师范大学新闻与传播学院广告学专业，2006 年 8 月进入奥美公关业务部任客服专员。

我不知道是不是所有人都像我一样，对北京怀着一种特殊的情感，从幼儿园的时候学唱《我爱北京天安门》开始，我就爱上了这座城市，对它充满了向往，我就想，将来我一

定要去那个城市生活。这个梦想跟着我很多年，直到我大学毕业。我们是 7 月份正式毕业的，我是在 6 月 13 日来的北京，至今还记得那一天，我一个人提着简单的行李，怀揣着 2000 块钱走出北京西站，两眼一抹黑。

我在北京航空航天大学附近的学生公寓租了一个床位，一个月 300 块钱，算是安顿了下来，接下来的事情就开始找工作。一开始我也是像许多求职的大学生一样，大热天里奔波于各种招聘会，挤在人山人海里，差点儿中暑，简历发了一大堆，却都是石沉大海，没有一点点回音。当时心里真是很着急啊，因为我就带了 2000 块钱，这 2000 块钱，我要吃饭要住宿要付交通费，眼看着钱每天都在少，可是工作连影子还没有呢，而我早就下定决心，我一定要在北京站住脚，没有退路。

后来和我住在同一间宿舍的一个女孩子告诉我，像我这样去赶招聘会，根本就没用，钱往水里扔，你还不如上网投简历呢。可是上网也得花钱啊，而且在网上投简历也不是一下子就会有回音的，而我当时的经济状况已经不允许我很从容地等待下去。我仔细想了想，最快最直接的方式就是上门自荐，先别管是什么工作吧，先把自己的生存问题解决了，安顿下来再说。

那个时候我恰巧听说了这样一个故事：新东方的一位老师，也是新东方八位创始人之一，叫宋昊，他是山东师范大学毕业的，刚来北京的时候也是一无所有，后来上了科学院的研究生，很偶然的一次他去听了新东方的课，觉得这帮老师很挣钱，而且他认为自己也完全有能力教啊，但是当时以他的资历和背景，他根本上不了新东方的讲台。后来他就想了一个办法，他弄到新东方校长俞敏洪的电话，直接打过去，是俞敏洪的秘书接的，他说你赶紧让老俞到机场来接我。说完就把电话给挂了。这个秘书也不知道他是谁啊，听口气好像和俞敏洪挺熟的样子，所以也没敢怠慢，赶紧转告俞敏洪有这么一个人。俞敏洪回电话过去，问你是谁啊？他说我是中科院宋昊啊。俞敏洪说我不认识你啊。他说你不认识就对了，不过我们现在不就认识了么，然后两个人就在电话里聊了聊，俞敏洪感觉他确实不错，而且当时新东方也是缺老师，所以他后来就成了新东方的老师了。

我不知道这个故事是真是假，但是这个故事确实给当时的我以很大的激励，也许许多人会觉得那个宋昊真是神经病，但是我能够理解他，他一定是逼得没办法了才想到用这么一个方法的。真的，人没有被逼到那份上，说什么都是白搭。我当时就想，不就是个脸面的问题吗，和生存比起来，脸面算什么啊，再说了，我又不是干什么见不得人的事，我是去找工作啊，如果我去试试，我就有希望，如果我不去试试，那可真是束手待毙，最坏的结果，不就是被人赶出来吗？有什么可怕的？这么一想，我觉得还真的没什么好怕的。

考虑到如果从专业出发找工作还是比较靠谱一点，我在网上搜索了许多广告公司的地址打印出来，然后在那整整一个星期里，按照这些地址一家一家地上门自荐。6月的北京，天气已经非常炎热，我一趟一趟地倒着公交车，在烈日下挥汗如雨，为了省钱，我总是随身带着一个空的矿泉水瓶，遇到有自来水龙头的地方就接上一瓶，这样就解决了自己的喝水问题。这些艰苦，对我来说真的不算什么，真正需要我勇敢面对的是一次次被拒绝，最难堪的一次，是被保安扯着胳膊拉出来的，这真的让人非常灰心，以致很多次我不得不在马路牙子上坐上一阵子，调整一下心情，再鼓足勇气敲响下一扇门。

最终我被一家私人的广告公司录用，因为之前我并没有任何工作经验，所以这份工作对于我来说更多的是一个学习的机会。我非常努力，表现也很出色，我的老板是一个40多岁的湖南人，他对我很好，有的时候我加班晚了，他会提出来送我回去，我在心里将他当做一位长辈，根本没有往其他方面想，所以对他很感激。但是后来越来越多的迹象表明他的想法并不是那么单纯，比如他有时候送我回去，都快深夜了，他还是坐着不走，他不走，我就只有坐着陪他，有时候我不得不下逐客令，他经常会夸我，说我温柔啊能干啊什么的，还经常和我说他和老婆之间没感情……我越来越觉得有些不对劲，说实话，我非常需要这份工作，可是当时的情形让我觉得如果再在这个公司呆下去，也许有些事情的发展就不在自己的控制之内。我是多么需要这份工作，可是如果要我以违背自己的道德观念而保有这份工作的话，那么我不会快乐，而且不仅如此，以后我的所有成功都不会让我快乐，因为有些事情，一旦做错了就无法回头。这样一想，我毅然决定辞职。

我又重新回到了一无所有、稍有风吹草动就要流落街头的境地，为了解决生存问题，我又马不停蹄开始找工作。或许有前一份工作的经历吧，这一次我很顺利地获得了一份在一家公关策划公司工作的机会，主要负责各种展会的布展工作。在会场经常会遇到其他的公关公司，这是我第一次接触到奥美公关，知道这是一家在业内很有名气的公司，我当即就想到如果我能进入奥美，对我以后的事业发展一定会很有帮助，当然我也很清楚以我的资历，想按照正常的应聘渠道进去是不可能的。因为我在工作中经常可以碰见奥美公关的员工，一来二去，和他们也就熟了，我和其中一个关系比较好的女孩子打听到奥美公关业务总监的电子邮件地址。我很冒昧地给这位总监写了一封自荐信，我相信如果这位总监愿意用我，那么一切问题都会迎刃而解。准确地说那应该不算是一封标准的自荐信吧，因为从一开始我就知道仅凭一封邮件就能获得一份工作是不太现实的，但是我希望能通过邮件尽可能地向对方展示一个丰富、立体的自我，让对方对我留下深刻而良好的印象。现在想起来，我的那封自荐信更像是一篇散文，我用非常感性的笔调描写了自己的成长和梦想，我对自己的写作能力一向是很有自信的，在信的末尾我写道：我相信我能胜任会务组的工作，我需要一个机会，而您就是那个可以给我机会的人。此外，我还在信中随手画了一幅很有趣的漫画，画漫画一直是我的爱好之一，我相信任何人看了这封图文并茂的信都不会无动于衷的吧。果然，总监的回复很快就来了，如我所料，他说他不负责人员的招聘，让我联系人力资源部门，并且给了我人力资源的电话，不过显然他对我的印象不错，还和我开玩笑：你的漫画画得很不错啊，希望还可以看到。

我认真权衡了一下，没有去联系奥美的人力资源部门，因为我很清楚以我的资历，在众多竞争者当中并没有优势，很难出头，如果我被淘汰，那么以后想要再进去就非常困难，那么既然如此，索性就放弃通过人力资源这个渠道。这之后，我依然和这位总监保持联系，每逢节日，我会给他写一封短信祝贺，工作上的一些感想，我会和他交流，有时候画了比较满意的漫画作品，也会发给他看。

这样淡淡地联系了大概有半年吧，我从奥美的一位员工那里得知会务组需要招聘一批新员工，我意识到机会来了，我知道我必须让这位总监见到我，但是以当时的情况，如果我很冒昧地约他出来，一定会被拒绝的。我想了很久，决定给自己和他“制造”一次会面。我知道奥美的员工通常中午都在什么地方吃饭，我就在一个工作日，早早去了那家餐厅，然后等那位总监过来吃饭的时候，我捧着餐盘坐到了他的面前，自我介绍：“我就是那个给你写邮件的江瑾琳。”他很惊讶，我直视着他的眼睛说：“我真的非常想来奥美工作，而且我知道我能胜任这个工作，一定能的，拜托你给我一个机会吧。”说完了我依然认真地看着他，目光坚定。我深知自己是否能够打动别人，取决于我自己的渴望有多强烈。

我想我眼里的那种热切和渴望一定深深地感染了他，让他没有办法拒绝我，最后他说："这样吧，正好现在会务组很需要人手，你先以实习生的身份来帮帮忙，至于最后能不能录用你，完全取决于你自己的表现。"难以形容我当时的心情，因为我知道——只要给我一个机会，我就一定可以抓住！记得我从那家餐厅出来的时候，内心巨大的喜悦让我忍不住在大街上奔跑了起来。

在奥美三个月的艰苦的实习结束以后，我如愿以偿，成为奥美的正式员工，我是那批实习生中最早被确定要录用的人。一转眼在奥美已经工作快一年了，我深深体会到一家优秀的公司对于个人成长的作用，我也深深地庆幸我的勇气——我在几乎没有任何可能性的情况下，创造、把握了属于自己的机会，我知道，我并不比别人出色多少，唯一让我胜出的原因，就是我的勇气——敢想、并且将自己的所想勇敢的付诸实施的勇气。

我的求职经验

* 如果是去异乡求职，最好当地能有你熟悉的朋友，一是有个落脚的地方，二是可以熟悉当地的求职情况，这将对你的求职大有帮助。
* 凡事预先想好最坏的结果，然后问自己可不可

以承受？如果可以，那就没什么好怕的，勇气就是这么来的。

* 断掉自己的后路，把求职当求生。
* 只要有敲门的勇气，就有进门的机会。
* 没有收到面试通知，有时并不代表你不能胜任这个工作，可以直接去面试现场，看看能不能争取到机会。总之试试永远比不试要强。
* 在这个世界上，创造出奇迹的人，凭借的都不是一时的勇气，而是把最初的那点勇气坚持到最后。
* 中国人讲究温良恭俭让，很多人求职时不好意思表达出自己的优点和能力，可是如果你自己都不知道自己能做什么的话，别人还能指望你做什么呢？最好的做法是有勇气坦诚自己的不足，但也有勇气亮出自己的优势。达到扬优补劣的效果。
* 关键时刻要有豁出去的心态，反正你是一个初出茅庐的大学生，没什么好失去的。

我给在校大学生的建议

1. 在大学期间，要有意识地培养自己具备健康、良好的心理素质。
2. 如果条件允许，可以寻求专业的职业咨询师的帮助，了解自己的性格、心理方面有哪些不利于求职的缺陷。

专家访谈：

最好的心态就是平常心

受访者：全球职业规划师王占军先生

卡：据您了解，现在的大学生在求职过程中存在哪些主要的心理障碍？

王：主要的心理障碍有这么几种：盲目自信、盲目自卑、急功近利、患得患失、依赖他人、我行我素。我想之所以出现这些心理障碍，最主要的原因是对自己不了解，对企业不了解，对职业不了解，对职场不了解，那么怎么办呢？我想有一个方法是比较通用的，那就是多交朋友，多请教别人的求职情况、工作情况、个人发展情况，我曾经认识一个大学生，他给自己订了一个计划，四年之内要认识两万人，我认为这位学生的做法是很值得赞赏的，从别人的经历中，你会获得对自己有帮助的经验和教训。

卡：那您认为在大学生求职的过程中，什么样的心态是比较可取的？

王：我认为是平常心吧，胜固欣然败亦可喜。

卡：那么有没有一些小窍门之类的，可以帮助大学生在求职时战胜自己的紧张、自卑等负面心理，保持一种良好的

状态?

王：有这么一些方法可以和大学生们分享。比如,我们在求职之前，头天晚上最好要沐浴一下，换一身干净整洁的衣服,身体干净了,心境也会随之变得平静,不会发慌。另外,可以找一两句鼓励自己的话写在纸条上,放在自己的口袋里,比如:所有坚韧不拔的努力一定会得到报偿的！还有可以找一个自己熟悉的东西带在身上,比如自己经常用的一支笔,告诉自己这支笔会给自己带来好运,给自己一个好的心理暗示。对于对自己信心不足的大学生,有一个方法最管用,就是拿出纸和笔,列出10件在你过去的人生经历中做过的最有成就感的事情,时间、地点、事件、结果都写出来,然后再写出这些事情都体现了自己哪些具体的能力，排在前三位的能力应该就是你的核心竞争力,这就是你的优势。

卡：如果一个人连续几次都应聘失败了，那他应该怎样来调整自己的心态呢?

王：我曾经和许多大公司的人力资源主管聊过这个问题,他们都有这么一个观点,那就是:我没要你,并不代表你不优秀。那些应聘失败的大学生也不妨这样告诉自己。另外,应聘一定有个成功率的问题,一般来说你应聘20个职位,可能只有一个是成功的，了解了这样一个概率以后你在面对失败时心态就会好很多,你会认为:我才应聘这么几家,失败了也是很正常的。

卡：有很多大学生会在应聘时出一些奇招、高招什么的，让自己在众多应聘者中脱颖而出，您对此怎么看?

王：我也听过许多这样的小故事，说有一个大学生，给要应聘的公司寄了一封信，里面放上自己的资料，再放上一把沙子，对方打开信件以后，沙子洒了一桌子，里面有一张纸，上面这么写着：找人就像沙里淘金，我就是您要找的那粒金子。我相信所有这些出手不凡的大学生们，都有一个共同的心理支点，那就是他们的自信与勇气，所以我认为不管这些方法有没有让自己达到目的，试一试也未尝不可。不过我认为最稳妥的求职方法是选择一张办公桌，这句话怎么理解呢?我发现许多大学生来问我：王老师，您觉得化工行业怎么样?您觉得物流行业怎么样?这些都太笼统了。但是有些学生就会问：老师，您觉得我去惠普的打印机事业部做那个市场推广怎么样?我会认为这位学生是个明白人，命中率会很高。要知道，我们所选择的并不是某种行业或者是某家企业，我们选中的只是某一张办公桌而已。所以说把目标定得越精确越好。

人脉篇

那些陌生的人，帮我推开梦想的门

- ⊙ 不要对陌生人冷淡，他们也许是乔装打扮的天使
- ⊙ 不放过任何可以认识人的机会
- ⊙ 永远展示出自己最好的一面——让别人对你留下深刻的印象

求职者档案：

吴晓晓，女，24岁，湖南湘潭人，2005年7月毕业于湘潭大学土地管理专业，2006年4月进入中央电视台任编导。

我做梦都没想过我会念这么一个专业，高考的那一年，生了一场病，状态特别不好，那时候想的是能上大学就不错了。

其实从小到大我一直梦想的是从事与传媒有关的工作，比如做记者或者编导什么的，我对这个专业完全提不起兴致，刚刚读大学的时候，每天都很消沉，有一阵子想过退学

回家重考，后来还是我的班主任对我说：机会是人创造出来的，读了自己不喜欢的专业，并不意味着以后不能从事自己喜欢的职业。我才慢慢打消了退学的念头。

大一的时候，我加入了学校的广播电台，每天要做一档音乐节目，我真是把自己所有的热情都投入到这个工作当中，也觉得生活重新有了意义，那档节目很受老师同学的欢迎。也因为这样一个契机，我获得了去当地电台的一个节目做嘉宾的机会，我非常喜欢坐在直播间里的感觉，只有我和我的声音，那些话筒、那些机器，似乎是梦想的一部分。那次直播结束以后，我对那档节目的主持人说：以后我可以无偿帮你做一些事情，比如阅读听众的来信，或者承担部分导播工作。当时没有想别的，是因为真的太喜欢这份工作了，即使倒贴钱都愿意干。

那之后我就成了那家电台的常客，几乎每个周末我都会过去帮他们无偿做一些工作，买盒饭啊，打扫卫生啊，什么都干，就觉得哪怕仅仅是在那个环境里呆着，心里都挺高兴的。时间长了，好多记者、主持人都和我熟了，有时候他们出去采访也都带着我，美其名曰“助手”，而且因为我和他们不存在竞争关系吧，他们也都愿意教我。我学得很快，怎么采访怎么录音，很快就可以独当一面了，有时候和他们一起出去采访，他们偷懒，会很放心地对我说：晓晓，这边都交给你啦。然后就到一边喝茶去了。或许是我天生就应该干这一行，每一次我都能把他们交待的事情完成得很圆满。有一次，我编辑的一期母亲节的特别节目，还获得了省广播节目评比二等奖，这一下连台里的领导都注意到我了，台长有一次半开玩笑地对我说：小姑娘不错，好好学习，以后毕业了就来我们这里工作吧。

那个时候我以为我大学毕业以后会进入这家电台，如愿以偿地成为一名记者或者节目主持人。可是人算不如天算，大二那年的暑假，我去北京旅游，邂逅了我现在的男朋友，他是北京电影学院动画专业的学生，我们相爱了，而且因为他的专业，无论如何还是留在北京好一些，这样，我大学毕业以后，不得不放弃留在湖南的打算，追随他来到北京。刚来北京的时候，我也试图寻找过和传媒相关的工作，可是在北京我谁也不认识，而当时我们要租房子要吃饭，处处都得花钱，不得已，我就去了一家房地产公司上班，做售楼小姐。

做售楼小姐那段时间，我深深体会到了做一份自己不喜欢的工作是多么痛苦的事情，比如你明明知道这个楼盘有哪些瑕疵，但你还是要昧着良心说这楼房是多么多么好。这对于我是一件很让内心受折磨的事情，每次看到那些买房的人将自己半生的积蓄掏出来时，我都有一种犯罪感，工作起来没有任何动力，我的业绩是全公司最差的。

那时候，我的男朋友也毕业了，在一家广告公司做平面设计，他有一个好朋友，女朋友在中央电视台工作，因为大家都很熟，我就央求他的女友帮我留意一下，电视台有没有什么我可以干的工作。后来有一天，她真的打电话给我，说他们那个节目要拍一个短片，需要一位群众演员，30块钱一天。我二话没说就答应了，虽说挣钱不多，但是总算是自己喜欢的事情，不多我也愿意干。我发现人一旦做自己喜欢做的事情，就是再苦再累心里也高兴，我不但做群众演员，还帮着他们扛机器、搬道具，他们节目组的人都觉得用我太划算了，一个人干两三个人的事情，所以后来只要有什么活，他们第一个就会想到我：找吴晓晓吧，吴晓晓最让人省心。这样过了一段时间，恰好他们节目组的一个编务因为怀孕要回家保胎，我就辞去了房地产公司的工作，正式加盟到他们节目组。在节目组里，我的职位是编务，但其实忙起来什么都做，我就是抱着一个学习的心态，觉得做得多学得多，还挺开心的。这时候我已经有意识要往电视这边靠了，有以前在电台工作的底子，电视这边的工作我也做得得心应手，但是我心里很清楚做一个编务绝对不是我的目标。

我和电视台的人接触多了起来，元旦的时候，当时我所在的央视生活频道要集体出一个节目参加台里的新年联欢会，因为各个节目组的工作都很忙嘛，所以大家对这种集体活动都不是很积极，可是我觉得这倒是一个多认识人的好机会，便毛遂自荐参加了，和另外几个节目组的人合演了一个小品。由于我的性格比较开朗，所以排练的短短几天，我和其他人都成了朋友，排练间隙彼此也交流一些工作的情况，大家一致认为我做编务太“屈才”了。我也就顺水推舟：“我早不想做编务了，如果各位有什么好机会，记得帮我留意啊。”后来我们演出的小品大获成功，演出结束以后，我们相互都留了电话号码，相约到了明年新年，我们原班人马还要再演一个节目。

这之后不久，我接到和我一起演节目的一个女孩子的电话，说他们节目组一个房地产的小板块缺少一位编导，“你的专业不是房地产么，我觉得你挺合适。”

我万分珍惜这得来不易的好机会，疯狂地投入到工作中，记忆里那半年我几乎就没有在零点以前睡过觉，每天泡在机房里，加班加点剪片子，有时候实在累得不行了，就扯起嗓子唱歌，为此我还得了一个绰号：夜半歌女。每个凌晨时分，我穿过办公室长长的走廊，穿过一扇扇关闭着的门，独自走在清冷的街上时，总有一种幸福而充实的感觉，似乎已经听见梦想向我走近的脚步声。我在那档生活节目干了将近半年，在这半年的时间里，我几乎掌握了作为一个电视节目编导所需要掌握的各种基本技能，很快成为独当一面的角色，最后那个房地产的小板块，只要我和一个摄像两个人就全部搞定，喜得我们领导逢人就说：要是都能像吴晓晓一样，那我们节目的成本至少能节约一半。

那年的年假，我回到湖南看望父母，也顺便去看了看当年电台的那些朋友们，说实话心里对他们还是充满感谢的，因为如果不是他们给予我的机会，很可能我现在还在梦想的门槛外徘徊呢。电台的朋友们看见我都很高兴，特别是看见我现在发展得不错，都说：幸亏你去北京了，否则呆在我们这里，哪能去中央电视台啊！

那天告别的时候，一位主持人托我带一些湖南的土特产给她在北京传媒大学的一位老师。我回到北京以后，立即给这位老师打电话，没想到却怎么也联系不上，后来我又打电话到他们系里，才知道这位老师生病住院了，我担心那些土特产总是放在我这里会坏掉，便问清楚他住在哪家医院，决定亲自给他送过去。因为考虑到对方是个病人，而且在年龄上也是我的长辈，所以我去给他送东西的时候，还去花店买了一束很漂亮的蓝莲花送给他，让这位老师很过意不去。后来他主动对我说：传媒大学的各种讲座挺多的，你干这一行多学些东西没坏处，如果你想听的话，我可以帮你办一张听课卡。我一听这是送上门来的学习机会，正求之不得呢，赶紧一迭连声地说谢谢。后来只要有讲座，我即使再忙都会去听，偶尔也能碰到这位老师，会简单聊几句。我想我的好学和勤奋一定给这位老师留下了深刻的印象，有一次他对我说：你的整体素质非常好，一个素质好的人，做什么都不会太差的，所以你不用着急，现在好好充实自己，你还年轻，将来有的是机会。

正是这位老师，他的一位学生是央视一档热门益智节目的制片人，他从学生那里得知需要招聘一位节目编导的信息时，便向自己的学生鼎力推荐了我。后来听我们节目组的领导说，当时这位老师是这么推荐我的："如果你们相信一位从事传媒业教学 20 多年的老教师的眼光，你们就给这孩子一个机会，绝对不会让你们失望的。"我听了非常感动。

就这样，我在 24 岁这一年，成为央视一档热门节目最年轻的编导。

我还如此年轻，却已经获得了这么好的机会，回首自己所走过的路，我觉得事实上我是个很普通的人，如果说我有什么优势，那就是真的有很多人在帮我，愿意给我机会：当年湖南电台的朋友们、男友的朋友的女朋友、与我一起合作演小品的那位女生、传媒大学的那位素昧平生的老师，以及我现在所在的节目组的领导……是所有的这些人，让普通的我也可以推开梦想的大门，我想我一定要好好努力，不辜负所有的人对我的帮助。

我的求职经验

* 每月至少要参加一次社交活动。
* 至少要有一两位知心朋友。
* 参加活动时，遇见新结识的人，告别时别忘记留给对方自己的联络方式。
* 每逢节日，将自己的通讯录拿出来，给上面的每一个人发一条祝福的短信。
* 不要怯于向他人寻求帮助。
* 在别人需要的时候，永远不吝啬伸出援助之手。
* 真诚、友善地对待与你有交集的人，因为任何人都有可能成为你进步的阶梯。
* 表现出自己闪光的一面。让所有见过你的人对你留下深刻的印象。

* 现代人都很有个性、很有表现欲，但有时候，学会合作、退步、忍让、吃亏更重要。

给在校大学生的建议

1. 培养自己开朗的性格，如果你的性格很内向，那么不要对自己要求太高，一个内向的人被压力压迫去做一个外向的人会很痛苦的，你可以先从有共同嗜好的同学开始，或者比较友善的同学开始，不必强求自己增加太大的压力。
2. 很多学生有很强烈的愿望加入同学之间的话题，但是常常觉得自己对别人的谈话内容不感兴趣，即使偶然插得进去聊两句，也不会太得要领，但是还是要要求自己多加入，一次不行，两次，同时多在背后恶补一下相关的知识，作为下次聊天的谈资。而且在刚加入时，别太在乎自己的面子，可以告诉同学：你们说的我一点儿都不懂，你们给我普及普及吧。作出比较“落后”、“没见过世面”的姿态，也许会有某位同学愿意把你引进门。

   另一方面，如果你觉得实在对这类话题没有兴趣，也不情愿委曲求全地随大流，那么你应该按照自己的长处、兴趣，建立自己的谈话圈子。学校里学生那么多，肯定能慢慢建立属于自己的圈子，而且你要表现你最优秀的一面，成为“头雁”或者“举足轻重”的人。

最重要的是要相信自己，做最好的自己，要明白人的兴趣爱好是有区别的，随大流的人很多，实在不想随大流也不要太强求。

专家访谈：

我们非常喜欢通过熟人介绍的方式吸纳人才

受访者：百合网人力资源部经理陈爱想女士

卡：请问咱们公司招聘员工一般是通过哪几种途径呢？

陈：我们主要是通过互联网，这是最主要的途径，还有就是熟人或者是公司内部的员工介绍啊。

卡：那通过这种方式进入公司的员工大概占到全公司员工多大的比例？

陈：我们公司通过这种方式进来的员工大约有20多人，我们整个公司的员工有150人，大概将近百分之十吧，还是挺高的，而且现在这个比例有不断升高的趋势。

卡：这是你们很喜欢的招聘员工的方式吗？为什么？

陈：不止是我们公司，事实上很多公司都很喜欢用这种方式引进人才。首先，通过这种方式进来的员工有一个好处，就是本公司的员工在公司已经工作过一段时间，你多半已经在各个方面对他进行了考察，对他有一定的信任感了，那么他介绍来的人想必也是他比较认可的人。另一方面，对于被介绍的人来说，有一个认识的人在这个公司工作，可能更有利于他熟悉公司的情况。这样双方在一开始都会有一个信任感，有一个比较深入的了解。还有，从招聘的难度上来讲，通过互联网招聘什么样的人比较容易呢？那就是一些非专业人员，比如前台、文秘、人事助理、财务助理等。但是一些专业人员，比如技术工程师、设计主管之类，基本上这类人才我们有百分之三四十都是靠别人介绍，相对来说，介绍进来的人在水平上会比较有保障，这比从互联网招聘同样的一个人才过来要容易很多，而且这种通过熟人介绍吸收人才的方式也在很大程度上节约了公司的招聘成本。所以我们非常鼓励本公司的员工推荐人才，而且所推荐的人一旦录用，我们会给予员工一定的物质奖励。

卡：那么在实际工作的过程中，你们对那些通过人脉关系进来的员工，是发现和预期的有些出入，很失望，还是发现的确不错？

陈：的确不错。基本对于招聘的有效性，我们每个季度都会汇总，事实证明这部分人的工作表现非常令人赞许，相对要比从互联网上招聘过来的人才让人放心许多。

卡：那么通过这种方式引进人才有什么弊端吗？

陈：还是有的。比如，容易在公司里形成小帮派；比如人以群分，员工和通过自己介绍进来的人，多半是类似的人群，这样虽然容易融合，但是过多了，反而不容易带来新的思想和新的气息；还有就是离职时容易有连锁反应，一个在都在，一个走也跟着走。其实我个人认为，这样跟在别人后面走，对于刚毕业的大学生来说，肯定是不好的，刚毕业的大学生应该看重的是公司是不是正规，业务是不是正在蓬勃发展，是不是一个注重员工培训的公司，文化和氛围怎样，这样的公司会给予刚毕业的大学生更多的机会，帮助他们迅速地成长起来。

卡：但是对于刚刚毕业的大学生而言，他们一直都在学校里读书，可能并没有机会去积累丰富的人脉资源，在这方面给他们一些建议吧。

陈：我认为上学的时候要积极争取去一些大公司做实习生的机会，实习生的薪水通常很低，但是对开拓将来的就业渠道是很有帮助的。有一些公司，比如雀巢，它经常会组织一些活动，如果能够参与这些活动，给对方留下一些印象，保持一些联络，肯定会对你有帮助的。还有，最简单的一个方法，就是在学校时要和自己的老师搞好关系，而且要经常保持联系，因为通常大学老师会和企业合作一些项目，他们和企业内部的人员是比较熟的，如果能够得到老师的推荐，对方通常会比较重视的。当然同学之间也要搞好关系，有时候同学之间不但可以交流一些求职信息，而且也是可以相互推荐的，比如我认识一个在雀巢工作的员工，公司对他的工作表现很满意，就对他说你给我们推荐一个和你差不多的同学吧。

大学生的心态一定要开放，多参加一些组织，比如大学里的“老乡会”就是一个很好的组织，因为有乡情的纽带，会更容易获得别人的帮助，尤其是你的同乡师哥师姐们在你毕业的时候可能已经处在某些重要职位上了，你们的联系可以让你获得一些意想不到的机会。

公务员篇

我就是喜欢做公务员

⊙ 丰富自己的知识结构

⊙ 不是所有人都适合当公务员的

⊙ 永远给自己最大的希望

求职者档案：

陈璨，女，24岁，辽宁丹东人，2006年7月毕业于国际关系学院国际政治专业，2006年8月进入中华人民共和国外交部港澳台司担任调研员。

大概是在读初一的时候，看过一本周恩来的传记，看得我热血沸腾，里面有一个情节我记得特别清楚，说周总理在万隆会议的时候，多少天只睡了几个小时。那时候我就梦想着将来也能像周总理一样做一个出色的外交官，这个梦想给了我很大的动力，记得那个时候每天晚上学习都特别有劲头，每次犯困的时候我就在想：周总理是60多岁的老人，为了国家的利益，那么多天只睡几个小时的觉，我怎么能犯困呢？然后我立马就不困了。现在回头想想觉得挺好玩的是吧？但是当时我真的是那么激励自己的。

为了实现自己当外交官的梦想，大学时我报考了国际关系学院，希望自己毕业以后能进入外交部，几乎从大一开始我就为此做准备了。当时就想进外交部首先英语得好，所以我对英语一直很重视，其次是国际政治、国际关系方面的专业知识要学得很扎实，好在我的课业成绩一向都是很出色的。或许就是因为我一直处在这种“时刻准备着”的状态，真的到了参加国家公务员考试的时候，和别的同学比起来，我并没有做太多的准备，记得当时我只是做了两套模拟题，发现那些题目对于我来说没什么难度，主要是因为我的知识结构比较全面，我高中是学理的，大学是学文的，那个试卷上的题目是比较杂的，数学啊语文啊历史啊法律啊，都有，所以知识结构全面的人答起来会比较讨巧。现在经常有人向我取经，我就建议他们要分析一下自己的知识结构，看看自己哪方面弱，然后着重补习哪方面。

不过做模拟题和真的坐在考场上答题的感觉还是很不一样，记得做模拟题的时候，我都是提前20分钟就完成了，但真的考试的时候，人还是会谨慎很多，一谨慎时间就呼呼地过去了。我们考的第一门是“行政能力测验”，那个试卷一共是五道大题，题量非常大，监考官说还有10分钟就要交卷的时候，我整个人都蒙了，因为当时第四道大题我还剩几道没有做，第五大道题一点儿都还没做呢，我想完了，肯定完了，这一次肯定过不了了。后来我一想第五题也不能全空着啊，就简单答了一下，然后就收卷了。当时的心情真是特别沮丧，从考场出来以后我给一位也参加公务员考试的同学打电话，同学说她也没有答完，其实事后我才知道“行政能力测验”的考试历来都是这样，通常会有百分之八九十的人答不完卷子。但是当时我不知道啊，非常郁闷，独自去麦当劳吃了一顿，我记得考场旁边有一个自然历史博物馆，吃完饭后我就进去逛了逛，看了许多有趣的东西，恐龙的骨架啊各种大鱼的骨架啊，看了一圈，觉得心情好了许多，我对自己说：没关系，再接着考吧，考成什么样是什么样吧，最重要的是不能放弃，不管如何，都要给自己最大的希望。

这样我又信心百倍地参加了下午的“申论”考试，内容是关于紧急社会安全处理的，就是说社会有一个突发事件，你作为一个政府工作人员要怎么样来处理，或者说你作为一个政策的制定者，要提出可行的对策，供上级和中央参考。这个东西难不倒我，因为从小我就爱看《人民日报》，知道这种文章应该怎么写，基本上把握住几条大原则就可以了；第一，不要偏激，观点要全面；第二，要提出可行性的对策，就是说你的对策提出来，是可操作的；第三，逻辑要清晰。基本上就是这么三点，所以说平时看看《人民日报》挺管用的，最起码比上那种考公务员的辅导班强多了，我总是建议别人不要去上那种班，劳民伤财，不但学不到有用的东西，有时候反倒会被误导，其实你将自己的想法和见解有条理地表达出来就行了。不过“申论”的考试时间也是够紧张的，交卷时间到的时候，我刚刚写完最后一个字。

我是 11 月末参加的国家公务员考试，考试结果是 12 月末知道的，我的“行政能力测验”得了 70 分，“申论”得了 50 多分，总分是 120 多分，我们那一年的录取分数线是 115 分。记得当我接到外交部干部司通知我去参加复试的电话时，真是有一种喜出望外的感觉，但是紧接着就感到紧张，因为一直感觉自己考得不好，以为肯定过不了，所以根本就没做准备。

外交部的复试一共有五门：英语笔试、口语、听力，中文综合卷，心理测验。我一直觉得英语是我的强项，可是这次考试让我很受打击。印象最深的就是考英语听力的时候，放了一篇文章的录音，连续放两遍，之后就让我们把译文写出来，可能是因为他的语速特别快，而且我对那个语音不太适应吧，我根本就没听懂那篇文章说的是什么，连中心句都没抓住，这可怎么办呢？我问自己：能交白卷吗？肯定是不能的，因为交白卷的话就意味着你主动放弃。我又让自己冷静下来，仔细回想了一遍刚才的录音，好像里面有两个词是“兴趣”和“培养”，只是好像，我根本就不能确定，但是在那种情况下，也只能硬着头皮死马当活马医了。我想，这篇文章说的是不是学习是要靠先天的兴趣还是后天的培养？我真是够大胆的，我就按照自己的理解，写了一篇小文章交上去了。不知道是不是因为太紧张的缘故，英语听力的考试大家感觉都挺不好的，记得坐在我后面的一个男生很忐忑地问我：你考得怎么样啊？我故意刺激他：还行啊。他当时特别绝望的样子，说：真的啊？我苦笑起来，说：我一句没听懂！他“噢”了一声，长出了一口气。后来我到外交部上班以后，我就问他们，那篇文章到底说的是什么啊，他们说我当时的理解方向的确是正确的，真是万幸！我的经历充分说明一定不能轻易放弃，越是紧要关头，越是能发挥出最大的潜能。

英语笔试的时候我的表现也不好，就觉得那个题特别难，做选择题的时候，ABCD四个选项，我愣是一个都没看懂，填空题也是，都是一些外交方面的专业术语，看不懂，蒙都没法蒙。最后一项是翻译，也就是这一项我还有点儿优势，因为我在读书的时候就比较重视翻译的训练，记得让我们翻译的是一篇文言文，庆幸的是这篇文章我读懂了，所以翻译也比较顺。后来考英语口语的时候，也是给我一篇文章，让我把文章看一遍，然后看着文章就开始翻译，这个形式我比较熟悉，因为平时练习的时候就是这么练的，所以我很流利地将那篇文章翻译出来了。后来我想，我能通过外交部的复试，估计这个翻译为我捞了不少分。

但是当时不知道自己会通过啊，心里特别难过，觉得自己肯定过不了，你想啊，听力差点儿交白卷，笔试连题目都没看懂，还考什么啊，心情低落得都不行了，恨自己不争气，早知道这样，当初为什么不好好准备准备呢。因为英语没考好，我就特别郁闷，你知道人在郁闷的时候就特别愿意写文章，所以接下来的中文考试，我的作文写得特别好，作文题目是“对文明的理解”。我是用“文明冲突论”来描述的，先描述一下世界上的文明是斑斓多彩的，抒情一下；接着描述一下现状，就是说各种文明间的冲突是不可避免的，再接着揭示实质，说根本原因还是各个国家利益间的冲突，文明只是个引子；然后再分析一下各种文明之间还是有相通之处的，最后的结论是各种文明还是可以和谐共处的……当时感觉写得特别爽，后来到部里上班以后，听别人说大家都对我的那篇文章印象很深，非常满意。

1月10日，我接到外交部的通知，让我准备参加面试。复试通过让我心里踏实了不少，相对来说，面试是我最不担心的，因为我觉得自己的语言表达能力还可以吧。没想到面试那天还是出了一点儿小状况。那天早上下大雨，怎么也打不到车，而我要去的地方，公交车又去不了，当时真的是特别特别着急，因为如果面试迟到，给面试官的印象肯定不好，后来我只能向一位过路的司机求助，人家看我急得都要哭了，同意送我过去。当时真的是很狼狈，掐着点进了面试考场，我赶紧平静自己：不错嘛，没有迟到，是一个好的兆头。希望能给自己一个好的心理暗示。

外交部的面试也没什么特别的，基本上面试官问的那些问题，你在网上去查一下“面试宝典”什么的，都可以查到。我印象最深的一个问题是：你觉得你身上有哪些素质比较适合在外交部工作？当时我想了一下，我觉得他问这个问题的目的是因为在很多人的印象里，外交工作都是很光鲜的那种，但事实上外交工作是非常艰苦的。所以我就回答说：我特别能吃苦。有一位面试官就立即问我：那你怎么能证明你能吃苦呢？我灵机一动，说：我从小就是练田径的，这个能证明吧？那位面试官笑了。

外交部的办事效率真的是特别高，我是 1 月 14 日参加的面试，到 2 月份的时候，我就知道结果了。当时我正在家里，晚上，手机响了，对方说：通知你，你被录用了，祝你过个好年！哎呀，真是太高兴了！我疯了一样地打电话把这个好消息告诉亲戚朋友。想想自己这一路走来，其实还是挺不顺的，真是感慨万千。印象里，那个春节是我有生以来过得最快乐的一个春节。

我的求职经验

* 首先应该想一想自己适不适合做公务员，如果你很喜欢新鲜刺激，喜欢生活中充满变化，耐不住寂寞，那你很可能就不适合做公务员。
* 目标要明确，知道自己想要的是什么，然后针对自己想去的各个部委不同的特点去做相应的准备，比如想去外交部的话，那你的英语肯定要过得硬。
* 无论遇到什么突发状况都不要慌，不要放弃，还是那句话——要给自己留最大的希望。
* 永远不要把公务员作为唯一的选择，因为公务

员录取的偶然性比较大，因为它涉及的知识面太广了，你不可能都准备到，如果有一项没有准备到，很可能就会拖你的后腿，最好是公务员要考，工作也要找，不能把宝都押在考公务员上面。

* 国家公务员的考试，很多人反映不容易过，还有人说准备了也没用，其实是准备的方式不对。很多人就是盲目地做题，做很多很多，做完了一对答案，喔，错了，赶紧改过来，他没有想一想，这道题我为什么会错？是不是意味着我这方面的知识结构比较薄弱啊？要针对自己的薄弱面进行训练，而不是一味地傻做题目。
* “行政能力测验”的考试，普遍反映就是题量大，百分之八九十的人都答不完卷子，那么有一个小窍门是可以先从后面开始做，因为通常后面的题分值会高一些。
* 在参加所报考的部委的复试之前，可以有针对性地突击看一些书，也可以找已经进入这个部委工作的师哥师姐了解一些考试的情况，我在考试之前就突击看了三本书：《外交学概论》、《国际法》和《外交礼仪》，感觉临时抱佛脚还是很有用的。
* 像大家普遍担心的公务员录取过程中可能会存

在一些“黑幕”的情况，我觉得不用担心，你只要专心准备就可以了，我的自身经历就可以证明，其实没有大家想象的那么黑暗，还是比较公平的。

* 政府机关通常是比较严谨的，所以面试的时候最好着正装，化一点淡妆。
* 面试的时候，观点不要太偏激，政府机关不喜欢太标新立异、太有个性的人，像我们平时看的那些求职小窍门，比如直接去找总经理什么的，在政府机关是行不通的，你还是得循规蹈矩。
* 面试时语速不要太快，要给人一种很稳重的感觉，逻辑要清晰，你提出一个论点以后，要有充足的论据来证明。
* 由于报考国家公务员的时候只允许填报一个志愿，无形中增大了风险，如果你的分数线达到了，却没有被录取，那就应该关注一下调剂的信息，比如有的部委，报的人不多，或者职位没有招满，他们就会公布一个调剂岗位的名单，你还可以去报，还有机会。

给在校大学生的建议

1. 争取能当上学生干部。
2. 争取入党。
3. 如果你按照学校的评判标准是个好学生的话，那么通常政府机关也会喜欢你，这个不像企业，企业可能会对学校评判标准下的好学生并不欢迎。总的来说，就是学习要好，又是学生干部，又是党员，那么你被录取的可能性就比较大。

专家访谈：

不要盲目选择报考公务员

受访者：新天地公务员研究院咨询师向静女士

卡：在您看来，什么样的大学生适合考公务员，什么样的不适合？

向：公务员这份职业有这么一个特点，相对来说比较稳定，压力较小，如果大学生对于未来的职业有这样一个要求的话，而且他本身具有强有力的信念和目标，较强的协调能力、与人沟通的能力，这样的学生比较适合报考公务员。至于不适合的，我个人认为计算机专业的学生不适合考公务员，因为在机关里面，搞计算机的职位一般都比较低层，升职的机会比较小，可供个人发展的机会也比较少。

卡：如果一位大学生现在想报考公务员，他需要做哪些准备？

向：首先从报考方面来讲，必须冷静对待报考，明确报考条件，熟悉报考流程，最主要的是要把握五个关键时间：第一个，提交报考申请的时间，第二个，查询资格审核的结果的时间，第三个，查询报名序号的时间，第四个，网上确认的时间，第五个，打印准考证的时间。

从考试准备方面来讲，你必须得保持一颗平常心，最主要的是要提高个人的综合素质，因为公务员考试主要是考一个人的综合能力和分析能力以及解决问题的能力，而且大学生必须根据自己的性格、特长以及专业选择合适自己的岗位，理解所报职位的特点，最主要的是要做好职业规划，进行有针对性的复习，对一些社会热点、社会问题进行深入分析，因为这是“身论”考试的主要内容。

还要注意养成严谨的言谈举止，着装礼仪方面要和所报的职位相称。

卡：在选择职位这个环节上，是否有一些技巧？

向：首先，你在选择职位的时候，要看它的报考条件，看看自己的条件是否符合，有一些部门除了一般的资格条件以外，还会有一些特别的要求，比如，如果你报考外交部，就会要求你通过国家英语六级考试，还有的部门会要求你有注册会计师资格证等等；其次，选报职位的时候，要对自己进行充分的评估，看自己适不适合这个职位，以扬长避短、对号入座，比如假设你的文科比较好，那你就不应该选择技术类的职位。最重要的还是要看你的实力，要谨慎对待“冷门”与“热门”这两种职位，很多人都一窝蜂地报考那些热门职位，那么这些职位的竞争就比较激烈，这时候你要冷静分析一下自己的实力是否可以让你脱颖而出。还有一点，如果你是已经有一些工作经验的人，要注意发挥自己独有的优势，填报一些有相关要求的职位会比较容易跳出来。最后，你要注意了解相关政策，比如你报考西部艰苦地区的职位，这个对应届的毕业生是有优惠的。

卡：像外交部这样的国家部委，他们最喜欢考生呈现出的素质有哪些？最不喜欢考生呈现的缺点有哪些？

向：最喜欢的素质：出色的个人协调能力、有上进心，能服从组织安排，纪律性好；不喜欢的缺点：很个人很主观、自以为是、不擅长和他人合作。

卡：相对已经有工作经验的人，应届毕业生在报考公务员时有哪些优势和劣势？

向：我想更多的还是劣势吧。第一点，他们的综合实力赶不上已经有工作经验的人；第二点，现在基本上有三分之二的职位是要求报考人员具备两年以上的工作经验的。

卡：在考公务员的过程中，影响大学生被录取的最主要的因素是什么？

向：我觉得最主要的是好多学生没有做好自己的职业规划，有些人都是很盲目地报考公务员，看见身边的同学报了，也跟着报，却根本不了解公务员要考些什么，甚至都不知道要买什么书，这样的人即使考上了，也可能在公务员这个职位上做得不开心，因为他根本就没有考虑过这个职位是不是自己喜欢的，是不是适合自己；还有些人在复习的时候不当回事儿，觉得没什么，但是公务员考试的复习应该是一个长期的有计划性的过程，有很多学生没有认真准备，这也是他们最终考试失败的一个主要原因；还有的学生，同时想做很多事情，想考公务员，又想考研究生、想考托福，这样在时间上肯定分配不开，最后造成的后果是哪个也考不好。

卡：如果有考生达到了录取分数线，却没有被录取，是否还有参加各部委之间调剂的机会？详细介绍一下这方面的情况好吗？

向：是的，是有这样的机会。调剂主要有两方面的情况：一种是同一个招考部门内不同职位进行调剂；还有一种是各个部门之间的调剂。这方面的信息，以及一些资格条件，都会在网上公布的，相关考生要注意关注这方面的信息，大概是在每年的二三月份，就要开始关注这方面的信息。

国企篇

国企和你们想象的不一样

- ⊙ 尽可能去了解真实的国企是什么样的
- ⊙ 正确认识国企和外企的差异
- ⊙ 低调做人，高调做事

求职者档案：

隋渡，男，北京人，2004 年 7 月毕业于北京邮电大学电信工程学院通信工程专业，同时进入中国移动北京公司综合部任秘书。

其实一开始的时候，我根本没有想过去国企的，当时我的大部分同学也和我想的是一样吧，我们想去的是摩托罗拉、爱立信这样的外企。但是在我们北邮人的观念里，中国移动确实是一个很有吸引力的地方，我的很多师哥师姐都在那里工作，你会从他们那里得到一些关于国企的信息，比如说工作环境不错、薪酬不错、工作压力不大，等等。每年中国移动都会在我们北邮搞一个专场招聘会，许多毕业生虽然都不敢奢望自己能够被聘用，但是都会无一例外地去试一试，所以每年的招聘会，场面非常火爆，用一个词来形容就是“蜂拥而至”。

我能进中国移动是一个巧合。记得那是2003年的10月，我刚上大四，中国移动在北邮的学生活动中心举办了那一年的专场招聘会，当时来的学生有几千人，可以说那一届的毕业生基本上都来了，队伍甩得很长，大家都拼命往里挤，挤进去问几个问题，再挤出来，也就是几分钟而已。我当时呢，正好前一段时间听过一些故事，关于怎么和面试官套磁，当时中国移动北京公司的人力资源的领导和我现在所在部门的领导都在，我就站在那里见缝插针地和他们聊天，一开始聊的内容可能只是在推销自己，在拼命表白自己是一个什么样的人，做过什么事，有过什么成绩，但是到了后来就聊得比较生活化了，聊到自己的一些经历啊一些对生活的感想啊。其实我觉得面试并不在于你具体表现得怎么样，你和面试官具体的聊天内容，而是你整个人传递给对方的感觉。他们可能都对我印象不错吧，我看他们并没有烦我的意思，所以就一直在那里和他们聊天，估计聊了有两三个小时，最后我们留下了彼此的联系方式。

不久之后，我就接到我现在的部门领导的电话，他说北京移动此次计划要招80个人，但是综合部秘书这个职位只准备招一个人，那天在现场的时候，他就留了一个心眼，看看有没有合适这个职位的人，后来看见我，觉得我特别适合，他问我：你有没有兴趣来应聘这个职位？坦白说，我当时对这个职位没什么兴趣，也压根没有想过一个大小伙子去做秘书什么的，但是对方既然主动发出了邀请，我觉得出于尊重，而且不管怎么说也是一个工作机会，所以我答应去试一试。

关于国企的招聘流程，也许很多人会以为和外企有很大的区别，事实上现在许多的国企都是上市公司。上市公司是个什么概念呢，就是说它必须要接受资本市场的规范和监督，它必须对股东负责，所以必然会改革它的管理方法，引进先进的理念。而另一方面呢，在国内的这些外企，它们的员工很多都是中国人，在中国本土做中国的生意，面对的是中国政府和中国人，风格必然会趋向本地化的特点，所以两者的区别真是越来越小，具体到招聘流程上更是如此——两轮面试、两轮笔试，都是聘用同样的人力资源公司担任顾问，具体的考试题目也都是差不多，没什么特别的。唯一让我印象深刻的是参加笔试的时候，有一道题目是这样的："你认为中国移动的标识蕴含了哪些含义？"可我当时却怎么也想不起来中国移动的Logo是什么样子，更不用说含义了。如果我连这个都没答出来，肯定会被认为对公司缺乏了解而被筛掉，好在那天我们是在中国移动北京公司的会议室里参加考试的，我灵机一动，便四下环顾了一番，结果果真在会议室的后边发现了公司的Logo，算是有惊无险吧。

我顺利进入了中国移动北京公司，担任综合部秘书。在没有进入国企之前，关于国企还是有着很多美好的想象，但是真的进去之后，发现有很多让人失望的地方，让我在很长时间里很难适应。

首先是对同事的失望。在外企里面，大家的素质可能都是在一个水平线上，但是在国企里面，周围的人相对比较复杂，三六九等，各个年龄的，各种学历的，各种能力的，各种背景的，全都不一样，这就需要我具备更强的适应性和宽容性，这对于初出校门的我真的是一个挑战。像我这个年纪的年轻人啊，还是比较小资的，还是很在乎外表的东西，凡事都讲究一个“范儿”，也很希望我周围的人都是很有“范儿”的，大家都是穿西装打领带，走起路来意气风发的。可是到了国企之后，你会发现身边的很多人都不是这样的，穿着上很不讲究，比如穿着黑皮鞋却配了双白袜子，你会看到许多和自己母亲一般大的中年妇女和你一起工作。那个时候我的很多同学都在外企，有时候我去他们的公司玩，我会发现人家公司里的人，一眼看过去都是时尚的帅哥美女，令人振奋。这种直观上的差异，起初还是令我很沮丧的。

其次是收入上也会和预想的有很大的差别。那时候我的有些同学在外企已经能拿到月薪一万了，所以我想我也不会差到哪里去吧，而且当时有很多的信息表明中国移动的薪水是很不错的。国企和外企在薪水这方面有个很明显的区别是，你去应聘的时候，外企会明确地告诉你给你多少钱，然后白纸黑字写在合同里面，但是国企是没有的，事先不会和你说给你多少钱，但是当时我心里对此很有期待。结果第一个月发薪水的时候，我一看那数字，才1000多，我差点儿晕过去，坦白说，真的有一种上当受骗的感觉。

还有工作本身的不适应。我的职位是秘书，具体的工作就是给领导写些发言稿、工作报告什么的，虽说上大学的时候我也算是个文学青年吧，但是写这些东西和写文学性的东西是完全不一样的，那是完全不同的两套语言体系。一开始的时候我真的为此感到痛苦，特别是有时候，大老板需要一篇稿子，但是我当时的能力又不能胜任，只能由我的顶头上司来完成，顶头上司为此就得加班。他加班，我也不能回家休息啊，只能在那里干陪着，经常搞到夜里两三点钟，却什么也做不了，心里非常空虚、自责。

很多大学生初进国企可能都会和我有同样的感受，就是觉得不适应，很难融入到这样一个环境中来。我的一个同学就是这样，刚进来的时候很有雄心壮志，发现公司里的很多弊病，觉得自己是个人才，可以改变这一切。他的眼光未必是错的，但是他没有想到：他能看到的问题别人一定也能看到，那么为什么这些问题还在这里？说明这其中的原因不是那么简单的。他一直在尝试着改变，结果处处碰壁，最后只能黯然离去。

那时候我也想过要离开，但是我还是属于那种做事比较稳的人，觉得即使不喜欢也不要贸然辞职，还是先干着，而且要努力干好。就是在这样一个过程中，一切在悄悄发生着变化。

我发现我的同事们大部分都很真诚，因为有些同事可能是和我的父母差不多的年龄，所以他们待我就特别照顾和宽容，特别有人情味，比如有时候中午一起吃饭，就会有同事将自己家腌的酱菜带过来，让每个人都尝一尝；比如有时候我感冒，会有同事将感冒药和热水送到我的手上，看着我吃下去……这些在外企也许都是不可想象的，在外企，同事之间可能会一起唱歌、吃饭、聊天，但是真正涉及内心的交往又有多少呢？总之到后来我越来越喜欢我的同事们，觉得和他们在一起特别舒服和轻松。

另一方面，我发现外界普遍对国企的一些负面的认识，其实都是很可笑的。比如外界会认为国企不是一个可以做事情的地方，大家都是在混，每天上班一杯茶一张报纸，很清闲的那种。事实上早就不是这样了，这是一个市场竞争的年代，国企也要赚钱也要生存，所以它不可能像以前一样养着一些闲人，而且相对外企来说，国企可能会赋予个人更大的发展空间和更多的发展机会。还有，我们总是认为身处国企会将很多的时间精力浪费在人与人之间的勾心斗角上，国企存在着很严重的人事倾轧，或者是官大一级压死人。其实还是那句话，现在的很多国企都是上市公司，上市公司是要按照国际资本市场的规律来运作的，它运用的管理方法是全球通用的最先进的管理方法，那种人事倾轧，不能说完全没有，事实上只要有人的地方就会存在这些东西，又有哪个公司可以完全避免掉这些呢，但是相对以前的老国企，现在的国企的确要好了许多。

大概在中国移动呆了一年以后，我想跳槽的念头已经完全没有了——我已经适应这样的环境，并且在这个环境里找到了属于自己的位置。一开始，大家对我的印象可能仅仅停留在：这个小孩不错，挺懂事的，态度挺好的。但是慢慢地，大家会注意到我工作上的表现，我写的报告，里面的话会经常被别人写文章的时候引用，或者我编的一些词变成了公司的标语，也会听到领导这样评价我：隋渡是个人才，要好好培养一下。这都让我有成就感，我也会由此看到我未来发展的一个轨迹，觉得很有希望。当然在其他方面，薪资啊、人脉啊，也慢慢发展到一个让我满意的水平，基本上我现在的收入已经和我在外企的那些同学差不多了。所以我想，至少在两三年之内，我是不会离开中国移动的。有时候我坐在办公室里，工作的间隙抬起头，看着我的那些亲切的同事，会有一种奇妙的安全感涌上心头，我的感慨会油然而生：在国企，还是挺好的啊。

从格格不入到融入，从排斥到适应，我在国企走过的这三年，让我深刻体会到：其实，国企更能锻炼人，更能让人成长。

我的求职经验

* 要知道，简历不是投出去就一定有回应的，刚开始我也只是将简历一递就在家等消息，往往是石沉大海，再无消息，后来一位女同学给我讲了她的经历，使我茅塞顿开。她当时应聘

IBM，去参加了 IBM 的宣讲会，在会后主动向 IBM 和承接此次招聘的中华英才网相关主管推销自己，并且得到了他们的名片。在中华英才网上投了电子简历之后，这位女同学就自己找到英才网总部，凭着前一天得到的名片和给人留下的良好印象与负责主管谈了一个小时。这位主管对她很欣赏，表示虽然按照 IBM 的标准，她的简历并不能完全符合，但他愿意破格给她下一轮的笔试资格。笔试之后，她又到 IBM 中国总部找到了那天宣讲会的负责人，再一次推销自己，这位负责人被她的诚恳打动，当即调出她的档案，给了她一面资格。勇于推销自己，抓住机会展现自己的风采，是应聘制胜的关键！听了她的经历以后，我改变了自己的应聘态度和策略，变得更加积极主动。这对我能最终进入中国移动起到至关重要的作用。

* 现在很多公司在招聘时喜欢出许多性格测试题，以推断你是否适合所应聘的岗位。我个人认为，在做这种题时应该动脑子想想招聘者究竟想从你的答案中得到什么，而不能简单的依照真实情况填写。比如假设你应聘的是市场营销类的岗位，你在回答“是否喜欢与人交流？”“是否有很多朋友？”这样的问题时，就应该坚定地选

择“是”，因为你应聘的行业需要外向、擅长交际的性格。值得一提的是，现在很多的性格测试题都有程度选择，如 1-5 分别代表“非常喜欢”、“比较喜欢”、“一般”、“比较反感”和“非常反感”等不同等级，我认为在选择时，尽可能少选“比较喜欢”或“比较反感”这样程度不够深的选项，绝对不要选“一般”这种模棱两可、没有性格的选项，应该尽量让你的答案极端化，要么“非常喜欢”、要么“非常反感”，这样你的分数相对会更高。

* 相对来说，外企的员工可能眼界会开阔一些，因为他们经常有一些出国培训交流的机会，经常接触到各个国家的团队，所以如果你身在国企，应该找机会拓展自己的视野，多和各个行业各个层面的人去交流，这对拓宽自己的眼界是有好处的。
* 低调做人，高调做事。在外企里面，可能很多人很张扬，很有想法，可能企业会比较欣赏这样的风格，但是并不是说在国企不要张扬。我认为张扬要用在做事上，做人上要低调，就是在和人交往的过程中，一定要谦逊，你要多去观察，多去想，然后再去做，要谨言慎行，一些传统美德的东西，还是很重要的。也许你平

时很少说话，但是一旦遇到问题的时候，你讲出来的话非常有见地，这就是你应该高调的时候，这时候一定要做得很漂亮，但是平时一定要很谦逊。

我给在校大学生的建议

1. 正确认识国企和外企的差异，现在很多大学生对社会不了解，很多东西都是想象出来的，有些人会想象国企有很多好处，有些人会想象国企有很多落后的地方，其实现在的国企和以前已经不一样了，你必须要多方面去获得一些信息，真正去了解国企。
2. 平时多看一些史书，你会发现很多的道理是千年不变的，到现在依然有用，很多东西都可以温故而知新。那些具有中国特色的故事和哲理，也许会对你尽快适应国企、在国企里找到属于自己的位置很有帮助。

专家访谈：

大学生的自我定位尤其要明确

受访者：民航华东空管局人力资源部总监助理辛海浪先生

卡：在您的工作过程中，发现现在的大学生选择国企的多吗？他们一般都是出于什么样的考虑？

辛：从毕业生的心态来讲，在学校里呆了这么多年，他们对于以后工作究竟什么样、自己能做什么、可以学到什么，都不是很清楚。而且从社会的舆论方面来讲，工作的前几年都是打基础的时候，很多人会觉得去一个富于竞争性的单位会对自己的发展更好一些，所以一般的大学生在刚刚开始求职的时候，总希望自己能够从事一份有挑战性的工作。而在很多人的观念里，国企在这方面比不上外企，因为这些传统观念，很多人都不会把国企作为自己求职的首选。但是事实上，随着现在全球化的经济发展趋势，很多的国企都同样面临着如果你做得不好就会被淘汰的命运，所以他们都在努力改善自身的弊端，可以说现在的国企已经和以前的国企很不一样了。至于那些选择国企的大学生都是出于什么样的考虑，我想主要有这么三点吧：第一点是国企的稳定性；第二点是从收入上来讲，现在国企的薪水和外企比起来差距是越来越小了；还有一点是因为随着这几年大学生的就业形势越来越严峻，很多人也会把国企作为自己的求职目标，其实现在选择国企的大学生还是蛮多的。

卡：对于大学生来讲，您觉得国企和其他性质的企业比较起来，有哪些优势和不足？

辛：优势方面来讲，首先是国企的环境会给个人的成长空间更多一点，机会也会更多一点，因为现在的国企正面临着人员交替的关键时刻——他们的老职工比较多，所以相对也就需要更多的新鲜血液补充进来，他们也会给年轻人更多施展才能的机会，这对于刚刚毕业的大学生来说是一个很有益的条件。其次是国企的人际关系会更和谐更紧密，而且工作压力可能也会比外企小一点。至于不足的方面，首先是国企的很多方面都还是刚刚起步，那么相对来讲你可以学习的东西可能相对就要少一些，可以领着你向前走的人也会少一些，一切都需要自己去慢慢领悟。还有一点就是人都是有惰性的，有时候需要一些压力推着人往前走，但是由于国企的工作压力相对要小一些，有时候会滋生人的一些惰性，这是一个问题，所以我常说身在国企的人，需要具有很好的自律性，要学会自我加压。

卡：那现在的国企和过去的国企比起来，会有什么不一样？

辛：最大的不一样，是现在的国企越来越具备危机意识，因为具备了危机意识，所以他们会吸纳先进的管理理念，引进先进的管理方式。

卡：如果一位大学生想选择国企的话，那么在校期间他最好做哪些准备？

辛：对于国内一些大的知名度较高的国企来讲，其实它在就业市场上的吸引力比很多外企要大得多，所以国企在选择人才方面余地是很大的。如果一位大学生想进国企，那么就必须让自己在竞争者之中处于一个比较有优势的地位。首先是学业情况要比较优秀，其次是证书情况，比如你的计算机、英语有没有拿到等级证书，国企不会看重你现在已经具备什么样的能力，你进来我可以慢慢再培养你，但是至少你在学校里就要被界定出来会是一个优秀的人，那么怎么能界定出来呢，只能看一些硬性的条件。

卡：国企的招聘考试，和其他企业的招聘考试相比较有什么特点？

辛：其实没有太多分别，但是我个人感觉国企在招聘过程中很多的测试手段流于表面流于形式，对真正的信度和效度没有一个准确的评估。比方说对一些应聘者所做的能力测试，但是这些能力是不是你应聘的岗位所需要的能力，它们之间的相关度到底有多高，现在很少有国企在累积这方面的经验，就是说对招聘来的员工有一个跟踪，看他们在实际工作中究竟是不是我们所需要的人才，因为这方面的工作需要大量的时间投入、数据累积，所以国企在这方面是很欠缺的。

卡：在您工作的过程中，发现身在国企的大学生们最常出现的问题是什么？

辛：感受最深的一点，就是他们常常感觉很茫然，不知道怎么样把自己学到的知识运用到现实当中，这个迷茫期对于每个人都不一样，有些人可能会持续很长时间，于是很多大学生会为此感到苦恼。还有一点呢，就是你刚刚到国企的时候，可能只会让你从事一些非常简单的基础性工作，让你先来适应一下环境，其实这是企业给你的一个缓冲期，而不是让你永远来承担这些工作，但是有些大学生就会着急，就会抱怨：怎么让我做这么简单的事情啊？而错过了一个很好的自我积累的时机。

卡：现在国企的整个工作氛围是什么样的，一个大学生刚进入国企的时候怎么样才能更好更快地融入和适应呢？

辛：那些传统的对国企的看法，早就过时了。至于怎么样才能融入和适应国企，我想给大学生们几点建议：首先在读书期间应该多走出去，给自己创造实习的机会，去亲身感受一下真实的国企究竟是什么样的；其次大学生的自我定位也要明确，虽然说大学教育让我们学习到很多专业知识，但是要把这些专业知识转化为现实中能够运用的工作能力，还是需要有一个过程的。也许在国企当中，很多人的学历不如你，但不代表他们的能力不如你，每一个人身上都有值得学习的地方，对于老职工来讲，他们已经积累了丰富的工作经验，这都是值得你好好借鉴的。所以刚刚毕业的大学生尤其要对自己有个明确的认识，不要妄自菲薄，也不要自以为是。还有一点就是大学生要一直保持一种学习的热情，因为新的工作需要你学习的东西很多，有些大学生觉得自己已经找到工作了，整个人马上就放松下来，这是很不对的，要始终有一个持续学习的意识。

自考篇

自考生也能找到好工作

- ⊙ 外企更适合自考生
- ⊙ 考取专业所需的资格证书，会让求职更有优势
- ⊙ 写简历时，将工作经历写在第一栏，学历背景写在第二栏

求职者档案：

马征，男，26岁，北京人，2002年毕业于北京联合大学商务学院计算机应用（自考）专业，2005年9月进入壳牌（中国）有限公司担任客服专员。

我从没有想过我会成为一名自考生。这里面还是有些运气的因素吧，运气不太好。初中的时候，太贪玩了，不好好学习，没有考上普通高中，上了职高，本来上职高也是可以参加高考的，可是那一年我们学校为了追求升学率，卡得比较紧，规定只有成绩前10名的学生才有资格参加高考，很

不幸我不在其中。所以职高毕业以后，各自自谋生路，家里人帮我找了一份工作，在一家报社做校对，说实话我一点儿都不喜欢这份工作。

到了这个时候，我还是没想到要去参加自考，那时候年纪小，有点稀里糊涂的。后来有一次，我的表哥来我家里玩，他刚刚考上大学，我们聊天，他说：你知道吗，像你们这种职高毕业的，等于和没有专业一样，一点儿用处都没有。他说这话时流露出的那种优越感，大大地刺激了我。我这才下定决心要参加自考。

我相信所有有过自考经历的人一定能深深体会到这条路途的艰难。我算是比较顺利的，用了三年的时间，考完 22 门课程，拿到本科文凭。每一次考试之前，我的作息时间基本是这样的，每天下班回家以后，洗个澡，立即上床睡觉，睡到夜里 12 点，起来泡碗方便面吃，然后开始背书，一直背到早上 6 点，再刷牙洗脸去上班。每次考试之前，由于紧张，我都会很严重地失眠，到了上班的时候，困得睁不开眼睛，而校对又是一个需要集中注意力的活儿，有时候实在太困了，我就偷偷拔自己胳膊上的汗毛，让自己清醒一会儿。那真的是一段非常艰难的过程，无数次想过放弃，身边也有很多的自考生半途而废，但是让我最终支持下去的动力，来自于我在自考过程中处处感受到的不公平的对待。比如我们去联大上培训课，联大有停车处，给每个学生发一个停车牌，但是发给我们的停车牌上就会特别注明：自考生。我的有些同学就会觉得很没面子，他们会把牌子翻过来，让别人看不见，我从来不这样，有一种倔强吧，自考生怎么了？自考生难道见不得人吗？还有一次，我和联大的一位本科生聊天，聊到自考分部的时候，他马上用一种撇清关系的口吻说：喔，我和他们不熟。我立即说：我就是自考生啊。他很尴尬的样子。经历的这一切，反倒激起我的好胜心，一定要坚持到底，如果我半途而废，那不更说明自考生不怎么样了吗?!

至今我还记得自己拿到最后一门考试成绩的那一天，72分，巨大的喜悦，却又不知如何表达，只能沉默。我独自走在街上，漫无目的，内心激荡，可是又停不下来，似乎只有不停地行走才能帮助我平静下来。

拿到文凭后不久，我就换工作了，在一家很小的英语培训机构做市场部总监助理，能够获得这份工作主要是因为两个原因，一个是因为他们想招一位男生，另一个是他们想招一位没有什么工作经验的人，他们认为这样的人好管理吧。那是一段噩梦一样的工作经历，我一个人承担了几个人的工作，事无巨细，包括给主管去交电话费。平时早上 8 点就要到公司，经常一个人扛着很重的展板走很远的路去办展览，一天要工作 12—14 个小时，上班的最初几个月我的体重暴跌了十几斤。所有的这些身体上的累我都可以承受，我总是觉得自己学历上没有优势，工作阅历上没有优势，苦些累些是应该的，但是我不能忍受别人对我的不尊重，尤其是我的主管领导，他是属于那种名牌大学毕业的人，言谈举止间总有一种优越感。比如有时候中午休息的时候，我上上网，他看见了就会说：你应该利用中午的时间多学点东西，你底子薄。而且他动辄就会将“我知道你的背景，所以对你要求不高，你总不能连这么一点儿要求都达不到吧”这样的话挂在嘴上，这是让我非常不能容忍的。

后来我就辞职了，去了一家很有名的美国公司，中文名叫“新聚思”，是做电子物流的，500强之一，同行业世界排名第三。说实话当我的朋友告诉我这样一个招聘信息的时候，我心里还是很忐忑的，总觉得是这么知名的外企，我一个自考生能行吗？可是实际却顺利得出乎我的意料，我不但很顺利地得到了面试的机会，而且关于我的学历，对方只问了我一句：你为什么没有去读高中？我如实作了回答。当面试官得知我在不耽误本职工作的情况下，用了两年半的时间，考完22门课程的时候，他很由衷地说了一句：你很有毅力，学习能力也很强！

我很顺利地得到了这份工作，我发现相对其他企业，其实外企并不是很看重文凭的，我的同事里有很多北大清华的研究生什么的，但是谁也没认为有一个很漂亮的学历有什么了不起，我和他们相处愉快。可以说我真正的自信就是在这份工作当中建立起来的，而且我发现自己相对于那些科班出身的同事来说，还是有属于自己的很多优势。我们公司的客户很大一部分是在美国，因为和美国有时差的关系，所以我们很多时候都需要上晚班，晚班时人的精神不好，有时候难免要出错。记得有一次，一位同事将发货单的地址填错了，导致客户不能如期收到货物，非常生气，声称要投诉我们。

当时我的那位同事就慌了，一个劲地问我该怎么办，如果按照正常的程序走，我们应该将这件事汇报给领导，但是当时已是深夜，我认为没有必要兴师动众，而且即使汇报给领导，还不是一样要解决问题吗？我表现得非常镇静，一边安抚美国那边的客户，一边迅速查找到货物的下落，再让美国那边的快递公司尽快将货物送到顾客的手里，事情总算得到圆满解决。第二天早晨领导来上班才得知这件事，夸我应变能力强，处理得很好。说起来很可笑，其实我在公司里是年龄最小的一位，但是如果有什么突发状况而领导又不在，大家都习惯要来问问我的意见，因为“马征社会经验比我们丰富”。

后来让我决定放弃这份工作是因为身体方面的原因，因为总是要上晚班，而我白天的睡眠很不好，长此以往身体就有些吃不消了。我向领导提出辞职时，他们都感到很惋惜，极力挽留。但我去意已决。

之后我就来到了现在所在的这家公司，能够获得这份工作和新聚思的名气有关，因为我在壳牌所从事的工作内容和在新聚思从事的几乎差不多，他们大概是看重我的工作经验吧，所以面试的时候，内容百分之八十都围绕着我在新聚思的工作，对于学历问题，几乎是一带而过的。

我在壳牌的工作表现一如既往地出色，和同事相处融洽。但是在内心深处，我发现自己其实还是很在意自己的学历的，我经常会向以前的职高同学打听当年那10位有资格参加高考的同学的近况，如果知道他们有混得比我好的，我就有一种失落感，如果知道他们混得还不如我，就有些沾沾自喜。心理多少有些阴暗。还有每次电视上报道关于高考的新闻时，我都会立即调台，因为那部分的记忆是我所没有的，那样的经历是我不在其中的。平时在和同事聊天时，我从不敢轻易地涉及大学、学历之类的话题，我很怕别人问我：你是哪个学校毕业的？每次我都不知道该怎么说，只能含含糊糊地一带而过。弄到后来我都不愿意和同事有深入的私交了，就怕人家问我这个问题。这成了在很长时间里最困扰我的事情，为此我甚至想过要去考一个研究生，那样我就可以大大方方地告诉别人：我是哪个学校毕业的。

我认为自己是个生性坦荡的人，凡事不喜欢遮遮掩掩，所以这种对别人有所隐瞒的状态让我挺难受的。我一直想着有一天要能够从容和别人谈论学历、谈论我的自考生活，可是真的到别人问我的时候，我不知道自己是怎么回事就是说不出口。这在很长时间里真的成了我生活中的一个难题。

后来的一天，是在一次同事聚会的时候，大家都纷纷聊起各自的大学生活，我就开始紧张，结果越怕什么越遇到什么，果然就有同事问我：马征，你是哪个学校毕业的？这个时候我的心里有瞬间的挣扎，我本能地想要逃避，可是我知道如果我错过这次机会，也许我永远无法面对自己内心的阴影，我鼓足勇气，把心一横，以一种不经意的语气说：我啊，我是自考的啊，没正经在学校里呆过。说完以后我的脑子里一片空白，脸上火辣辣的，我偷偷地观看同事们的反应，结果大家的反应太出乎我的意料了——他们只是“喔”

了一声，就该干嘛干嘛了，我甚至不能确定他们真的听见我的回答了吗？

可以说就是在那天晚上，我才真正对自己自考生的身份完全释然。那一天也成了我参加工作以后最开心的一天。我突然明白：其实所有的烦恼，都是庸人自扰，很多事情，如果你自己不在意，别人才不会在意呢。而一个人要想获得别人的认可，也绝不是靠一些虚无缥缈的名头，真正靠得住的，还是自己的实力与能力。

所以现在的我，可以面对任何一个人，自如地说出：是的，我是一名自考生。

我的求职经验

* 人力资源在挑选简历的时候，最看重的还是你的工作经验，所以我写简历的时候，都会把工作经验写在第一栏，把学历背景写在第二栏。
* 你要让面试官知道自学考试是很难的，通过率只有百分之二十，你能通过自考，说明你的学习能力很强。
* 面试时要突出自考生的优势，自考生普遍具有踏实、能吃苦、有毅力等品质，而且通常自考生的动手能力和实践能力要比正规院校毕业的

本科生强。

* 现实中难免有用人单位对自考生存在偏见，受这些偏见的影响，很多自考生在求职时无法克服内心的心理弱势，从而在面试过程中出现懦弱心理，不能发挥出正常水平。自考生要注意调整好自己的心态，要敢于展示自我，敢于主动出击，要知道自信者往往容易得到考官的青睐。
* 自考生如果暂时还未拿到自考文凭，不妨先去考相关的资格证，以弥补学历不足的缺陷。现在自考很多新专业都开设了相应的证书课程，不仅能拿到文凭，还可拿到资格证书，对就业很有帮助。如英语专业的学生，考个翻译资格证，找工作时可多个好帮手。
* 一些知名的外企通常都比较看重工作能力，能够公正地对待自考生。
* 像重视自考一样重视招聘考试。

给正在参加自考的大学生们的建议

1. 如果你的年龄还小、不存在生活压力的话，就不要选择一边工作一边学习，还不如呆在家里专心学习，一鼓作气拿到文凭。

2. 选择自考专业的时候要结合自己的特长和现在的就业形势。
3. 要培养自学能力，尽量自己弄懂概念、知识点，不要过分依赖辅导班或其他人。
4. 对于每一门课都要恭恭敬敬，尤其是英语、数学这样的公共课，对于学会计的，会计、财务管理这样的基础课尤为重要，对于学法律的则是法理、刑法、民法，对于学计算机的则是计算机基本原理和程序设计……在此不一一列举，总之对待学科的基础课要特别的重视和关照。
5. 重视考前复习，这虽然不是一个好的学习方式，但是对通过考试一定有用。
6. 有机会的话要去读硕士研究生，而且要去名校，这是对你人生的一大投资。此外要常年参加职业训练与学习，包括参加职称考试、资格考试、职业继续教育，不使自己在专业领域落后。
7. 还有最最重要的一点是：考试阶段，一定要下定决心，坚持到底，因为看过太多身边的自考生们因为这样那样的原因半途而废，比如有位男生，一共要考 17 门，结果已经考过了 16 门，还有一门他就在那里拖着，一拖拖好几年，非常让人可惜。

专家访谈：
相信自己，别人才能相信你

受访者：北大青鸟集团人力资源经理高群女士

卡：据您了解，现在许多公司在招聘员工的过程中，都很注重学历吗？

高：不，他们更注重能力。这个还是要看具体的情况，我曾经和中科软的人事经理交流过他们用人的一些情况，他们是做软件的，对高层的框架师需要很强的经验性，像这种职位，学历差不多就行，他们更注重的是实际的工作能力。

卡：但是不可否认，还是有很多企业非常注重学历，学历能说明什么问题呢？

高：说明不了太多的问题。现在有各种各样的情况，有的企业说，我们不愿招名牌大学的学生；有的企业说，你不到硕士水平我们不要。其实这说明什么呢，说明是和企业的实际用人状况有关系的。比如像北京市经济技术开发区，他们就喜欢用一些学历并不太高但是动手能力比较强的，因为开发区主要是一些工厂，他们就说我们需要大学生，但是如果有些工作中专生也能做的话，我们宁愿要中专生，可以节约很多用人成本嘛，见效益快。

卡：现在有很多的成考生、自考生，就是说在学历上不是很过硬的，他们在求职中怎么样才能扬长避短呢？

高：俗话说：耳听为虚，眼见为实，我认为这部分学生应该努力争取面试和试用的机会，让用人单位能够直接了解到你的能力和优势，而不是让对方把注意力放在你的学历上面。

卡：您认为这部分学生主要存在的不足是什么？

高：我认为影响这部分人求职的最关键的问题并不是他们的学历，而是一个自我定位的问题，因为别人可能会认为他们的学历不怎么样，那么他们自己也可能就会认为自己不怎么样，和那些名牌大学毕业的学生比不了，他们会在应聘的时候自己说：我不是名牌大学毕业的，不知道你们能不能要我？一上来就先比别人矮了三分。对于一个不自信的人，用人单位又怎么可能相信你能胜任工作呢？

卡：那么他们有什么样的优势呢？

高：他们的优势在于：首先他们对薪水、工作的期望值并不是很高，而且一旦获得一份工作，他们会很珍惜、很投入，其次是这部分大学生通常之前都有了很多的工作经验，实际解决问题的能力要比那些在大学校园里呆了四年刚刚出来工作的人强许多。还有一点就是他们的自学能力和自学精神都非常突出，能吃苦，勤奋踏实。

卡：最后请您给这部分求职的大学生一些建议吧。

高：好的，主要是这么几点吧。第一，要认清目标，抓住机会。有些学生自我感觉良好，挑三拣四，这部分学生在缺乏工作经验而学历又不过硬的情况下，要学会放下架子，想想自己到底要做什么，再积极抓住机会去争取。第二，注重礼节，关注细节。这主要是指面试时要注意的问题。第三，突出自己的优势。要善于展示自己的优势和才华，才能增加胜出机会。第四，学历不够，资格来补。如果你的学历不是很有说服力，那么你可以去考一些相关的资格证书，以弥补学历不足的缺陷。第五，不妨尝试创业。创业虽难，但是很能锻炼人，即使创业失败，所获得的经验也对自己的成长很有帮助，建议有创业想法的大学生，可以先找相关的企业历练，等条件成熟后再创业。

没想到海归的工作也挺难找

- ⊙ 在国外的工作经历可以大大提高回国发展的竞争力
- ⊙ 对自己回国后的工作不要期望值过高
- ⊙ 求职过程中不要一味强调自己的海归身份，而是用素质能力说话

求职者档案：

王子恩，男，25岁，辽宁沈阳人，2005年7月毕业于加拿大多伦多大学金融与商务专业，2006年8月进入英特尔（中国）有限公司任销售。

坦白说，当初决定回国找工作的时候，我的心态是很轻松的，我认为自己各方面条件都不错，当时如果我想留在加拿大找工作，也是有机会的。但是我最终决定回国发展，是出于这么几个考虑：首先是觉得自己还年轻，想多一些经历；其次是我觉得中国发展真是挺快的，我在国外读书的时

候，基本上每年都会回来一次，每次回来都发现有很大的变化；还有一个原因就是我的优越感吧，我觉得自己在大学里年年都拿奖学金，算是蛮优秀的，另外我家里的经济状况、家族背景都是很不错的。这些东西加在一起，让我感觉自己如果回到中国会更有优势，具备优势也就具备了竞争力，所以我决定回国发展。

现在想起来，当时的心态真的是很好的，一点儿不着急，总觉得找个工作是不成问题的，所以回国以后我首先想到的是先玩一阵子。因为我和父亲都非常热爱摄影，所以我们就组织了一个摄影沙龙，定期请一些专业的摄影师来开讲座，定期出去拍片子，这样玩了有半年吧，我妈有些着急了，说你这样一天到晚晃悠哪行啊，赶紧找个工作。

当时的我有个想法，就是如果去工作呢，要么是大公司，要么是小公司，大公司可以让你学习到很多东西，小公司会有更多的个人发展空间。当然如果我想选择小公司，那就不存在找工作的问题了，因为我父亲有很多朋友都是自己做公司的，而且都做得不错，我随便去一家就可以。可能正是因为这么简单吧，我反倒觉得没什么挑战，我还是想靠自己去试一试。

我开始上网投简历，什么汇丰银行、摩根斯坦利，投了有十多份，结果令我非常吃惊——竟然没有一家公司愿意给我面试的机会。这让我太意外了，受挫的感觉非常严重，我开始意识到这不是一件容易的事情。那段时间父亲问我：“需不需要我帮忙？”我总是说，再看看再看看。说真的我有些不甘心，难道我找份工作还需要别人来帮忙吗？事实上直到后来我才知道现在很多单位对雇用海归人员都是有顾虑的——首先，你在国外生活了四五年，你了不了解国内的情况？能不能适应国内的生活？其次是拿不准海归的真实水平，你要是北大清华的我们还拿得准，你是在国外念的大学，谁知道那间大学究竟怎么样啊？谁知道你的学历是真的还是假的啊？谁知道你在那边到底学得怎么样啊？还有就是现在人才方面的选择实在是太多了，我们干嘛要舍近求远选择一位海归呢？

蹉跎了快半年，我不得已，对父亲说："我需要你的帮助。"最终，还是我父亲出面，请他的一位老朋友帮忙。他的这位朋友，我称作"伯父"，和英特尔的高层很熟，就帮着我递了一份简历，为了避免人家为难，伯父是这样介绍我的：有这么一个小孩，人挺好的，条件也不错，就是没什么工作经验，你看一下，给他一个面试的机会，让他锻炼锻炼，觉得可以用你就用，不能用也没关系。因为我的简历上写着我学的是金融专业，所以我的简历被转到了财务部门。面试我的是财务部的一位经理，问了一些我的家庭情况后，她很明白地表达了她的担心，那就是从事财务工作要整天坐在办公室里，她不知道我能不能呆得住。我也很明白地表达了自己的想法，说我的确不太喜欢坐在办公室里的工作，我喜欢和人打交道，也许销售更适合我。我想这位经理对我的印象并不是很好吧，临走的时候，她对我说目前财务部门没有招聘指标，非常遗憾不能帮我的忙。我觉得这位经理太不会说话了——如果你认为我不合适，那你直接告诉我就好了，你没有招聘指标那你来面试我干嘛，明摆着就是借口。当时我真的非常生气，有一种被愚弄的感觉。

后来我的那位伯父又帮我催了一下英特尔这边，这样我得到了第二次面试的机会。这一次是一位销售部门的经理，一看就是很干练很聪明的那种人，说话逻辑清晰，我当时有一种感觉，那就是——不愧是英特尔出来的人。我们聊得很好，最后他说：我会帮你留意一下有没有合适的职位，你可以先过来实习，这样你有一个慢慢适应的过程。这次聊天之后很长一段时间，我没有接到这位经理的电话，虽然说这段时间我表面上还是做着自己的事情，但是我的心里一天比一天发慌，这时候我的优越感已经所剩无几，挫败感与日俱增，我就想啊，我们聊得挺好的啊，为什么他没有给我一个回复呢？

我决定主动出击给自己创造机会，给这位经理打一个电话，因为我知道自己的优势是和人面对面沟通，我会让人感觉到很有亲和力很诚恳，仅仅一次见面，他不会这么快就了解我的，我必须让他更多地了解我，如果我不打电话，那么这件事一拖也就拖过去了。为了稳妥起见，我事先将我要说的话写在了一张纸上，我是这样说的："通过上一次的沟通，您真的给我留下了深刻的印象，和您交流我觉得能学到很多的东西，所以即使没有工作也没有关系，您不用为难，我只希望您能把我当做一个朋友，有时间咱们见面聊聊天。"他很高兴，解释说因为去外地出差，他差一点儿将答应我的事情给忘了。我一听觉得好险，如果我放不下面子，或者是一直沉浸在自己的优越感里面，不愿意主动打这个电话，那我很可能就失去了这次机会。

后来，还是这位经理，帮我安排了另一位销售经理的面试，那一位销售经理安排了我现在的老板的面试，老板对我很满意，但是他对我说：我们雇人，通常都要有两位以上经理的同意，所以你还要再等一等。这个时候我的心态已经非常好了，把自己放得很低，我说没关系，我可以等。那段时间我自信心严重丧失的时候，就去找朋友聊天，我的朋友们都是一些很优秀的人，他们总是鼓励我，帮我分析我的长处，我就想我的朋友都是很优秀的人，他们能这么欣赏我，说明我还不是太差的吧。这样的聊天的确在很大程度上帮我缓解了当时内心的焦虑和对自我的严重怀疑。不久之后，我现在的老板又安排他的老板来对我面试，仔细算起来，为了进英特尔，我前前后后经历了六轮面试。当我最终拿到它的 Offer 的时候，真的有一种来之不易的感觉，幸亏有这么多人愿意帮我。

真的置身于工作中的时候，我发现海归的身份还是给我带来了一些困扰。其实现在很多人都对海归这个群体存在偏见，认为我们都是一些有钱人家的小姐或者公子。的确因为家庭环境比较好的缘故，我穿的衣服住的房子开的车会让同事们觉得和我有隔阂，而且我一开始不太注意自己的言辞，比如有时候别人打了一条名牌的领带来上班，很得意，但是因为我对名牌比较熟悉，我会说这个牌子有哪些缺点，哪个牌子的会更好一些。我自己虽然并没有向人显示的意思，但是同事们可能会觉得有些不舒服，背后对我会有些议论，最多的就是：不就是家里有些钱嘛，有什么了不起的。这样的话我听了之后的确感到很不舒服。所以在很长一段时间里我和同事之间都没有建立起一种友爱融洽的关系，别人会觉得我有些狂，对我敬而远之，这让我觉得自己很孤独。

之后我就刻意地低调一些，尽量站在同事的角度想问题，比如同事说要买车，但是觉得很贵，也许在以前，我会说：还可以吧，不算是很贵的。但是现在我会根据我们的工资来衡量，按照我们现在的收入，也许买一辆车还是比较吃力的，那我就会说：是的，的确有些贵，如果我单纯靠自己的力量也买不起。这样对方可能也会觉得心理平衡一些。平时大家在一起，因为我的经历相对国内的学生来说要丰富一些，所以可以谈论的内容也就很多，但是我总是提醒自己不要夸夸其谈，也给别人表达的机会，学会倾听，这样别人才会愿意和你在一起聊天。今年我的生日，我请了许多同事一起搞了个 Party，我特地准备了一个本子，让每一个人给我写一句话，我发现写得最多的一句话是：你是一个随和的人。这让我感觉很欣慰。现在我和同事们的相处已经没有问题了，从他们身上我了解了很多自己从来没有经历过的生活，那种一点一滴都要靠自己努力奋斗得来的生活，说实话我是很佩服他们的。

因为我没有经济方面的压力，所以我在英特尔工作纯粹就是想学习一些东西，销售工作是很有压力的，业绩不好的时候挨领导的骂也是常有的事情，有时候情绪低落的时候就会想：算了，不做了。或许是我的成长经历一直都是顺风顺水，我发现自己面对挫折时的确没有我的同事们表现得那么坚韧，而且，我的确没有他们那么勤奋。我真正意识到自己必须彻底放下那些很可笑的优越感，重新塑造自己，不辜负所有帮助过我的人。

我知道，我需要学习的还有很多。一切才刚刚开始。

我的求职经验

* 回国之前，如果能在国外有一些工作经验，那么回来找工作会容易一些。
* 回国之后，不要认为海归的身份会给自己带来很大的优势，事实上招聘方不会因为你是海归而给你很大的空间，相反你会有一些劣势，你可能要比别人更加努力一点，这个要有心理准备。
* 不要浪费时间，虽然也许没有经济方面的压力，但是回国之后还是要尽快找工作，不要想：哎呀，我先玩一阵子再说。
* 在面试的时候，你要体现出自己作为海归的优势，你是出过国的，是见过世面的，你应该充分利用好自己的优势。

* 现在很多人对海归是存在偏见的，很多公司都不喜欢用海归，他们不会给你机会，看见你的简历就直接把你刷掉了，而且别人可能会对你有一些语言上的讽刺——海归怎么样啊？不就是家里有钱嘛？对这些语言，要有一颗平常心对待，不要受它的困扰。
* 现在有很多学生高中毕业以后想去国外念个本科回来，当然如果家庭经济条件不错的，这样也无可厚非，但是如果是家庭经济一般的，只是认为在国外拿到一个大学学历，会让你在找工作方面更有优势的话，我劝这部分人真的要考虑一下，因为你每年花个十几万，这么大的投资，即使读完一个学位回来了，很可能会发现这并不会给你找工作带来什么优势。得不偿失。
* 不要对自己回国后的工作期望太高。
* 或许是我在国外呆过一段时间吧，我发现国内的大学生在求职时还是不太注意自己的外在形象，外在形象是非常重要的，西装革履比较稳妥一些，头发整理好，如果戴眼镜，镜片要擦亮，把自己打扮得帅一点漂亮一点，争取给招聘方一个良好的第一印象。
* 了解自己，知道自己的优势在哪里，并发挥出来。
* 不要以为天高皇帝远，就捏造一些自己在国外

的学习和工作经历，因为面试的时候招聘方会对此问得很细的。

* 谨记——无论何时何地，炫耀都是肤浅和令人生厌的。

我给在国外念大学的留学生们的建议

1. 在国外读书期间，多打工，给自己积累一些工作经验。
2. 在国外读书期间，如果条件允许，可以利用暑假的时候回国打工，这样可以借此机会了解一下国内的情况。
3. 在国外选择实习公司的时候，最好选择那些在国内有分部的公司工作，这样对你回国工作有很大的方便。我的一位朋友就是这样的，他在欧洲念的大学，在一家企业实习，这家企业在中国是有分公司的，然后他毕业的时候，他就提出来：我想回国工作，能不能帮我引荐一下？这样他就获得了这份工作。

专家访谈：“海归”要放低身段

受访者：资深媒体人、海归研究学者陈海先生

卡：现在有很多的高中生选择去国外念大学，您认为有必要吗？

陈：现在有很多高中生出国留学，我很难说是好还是不好，只能告诉你其中的利弊，然后各人根据自己的实际情况再作选择吧。

利的一面：年龄小易于知识的汲取和对异域文化的适应。选择出国留学就意味着选择了与国内大学在教育理念、教学模式、教育内容、校园文化等方面完全不同的另一种教育，譬如，国内的高校多采用百分制计算，而国外的大学一般采用平均分绩点计算学分，这类学分统计方法可以督促学生在整个学期里不得不持续不断地为每一科而努力。另外，国外大学有些课程的设置，也有助于培养学生的分析判断能力、良好的沟通能力以及组织能力和团队精神，这些素质都是对未来人才的最基本要求。国外的高校极其重视学生的对外交流，这就有助于学生可以获得许多参加实际项目或团队工作的机会，增加相关实践经验。如今出国留学的一代几乎都是独生子女，独立生活能力相对较弱，而海外留学的经历可以帮助这些孩子提高独立生活的能力、完善其心理素质，学会自主和作选择，

海外留学的背景也有助于这些孩子将来的就业。

弊的一面：年龄小，自控能力差，容易受到异国不良文化的影响；在异国文化背景下，容易产生失落感甚至被边缘化，对心理健康产生不良影响。

卡：现在的海归普遍反映“工作难找”，这是为什么？很多单位在选择海归时存在什么样的顾虑？

陈：这首先是因为现在国外的大学来中国招生越来越多，出国学习也越来越容易，海归越来越多，用人单位的选择余地很大。其次是不少海归自恃过高，要求高薪，给企业带来了不稳定的因素，增加了企业用人的风险。还有就是对于海归学历的含金量没法掌控，比如一个国内的大学生，他说毕业于什么大学，我们对于那所大学的情况基本有个了解，但是如果是一个海归大学生，他说毕业于什么大学，我们就很难了解到那所大学究竟处于一个什么样的水准，这也是很多用人单位放弃海归的原因。另外，海归由于长期呆在国外，对于国内情况可能已经有些隔膜，相对来说，企业更愿意接纳对国内体制、企业文化背景熟悉的本土人才。

卡：在具体工作的过程中，这些海归存在着哪些优、劣势？

陈：最明显的优势，就是语言水平、独立思考的能力、适应不同文化的能力以及沟通能力等。但是他们的劣势也很明显：比如，缺乏务实精神、缺乏工作经验、不愿意放下身段从最基本的工作开始等等。

卡：海归在求职过程中遇到的最主要的障碍是什么？

陈：最主要的障碍，是高不成低不就，期望值很高。我就遇到过这样的海归：宁肯闲着，也不愿意去从事薪水没有达到自己要求的工作。另外，对地域、职位过于挑剔也是海归求职的主要障碍，许多海归认为回国就业最理想的城市只有北京和上海。

卡：什么样的海归会比较受欢迎？

陈：首先，有一定的海外工作经验的海归特别受欢迎；其次是那些掌握各种新型技术的海归，现在很多海归在国外大多读的是看似比较热门的工商管理，而在国外学习国际传媒、编导、教育、咨询等专业的海归很少，而企业需要的恰恰就是在这些领域学到国外先进技术、懂行的专才。

卡：如果一位在国外念大学的学生，现在准备要回国找工作，您会给他一些什么样的建议？

陈：有这么几点建议：第一点，现在国内的发展机会非常多，回国是一个不错的选择。第二点，在准备回国前，一定要多作研究，通过网络或朋友了解国内情况，随时把握市场的动向和脉搏，搞清楚国内市场需要哪方面的人才，雇主需要什么样的能力？自己能为他们带来什么样的价值，现在国内的雇主越来越挑剔，非常看重相关的工作经验和技能，所以海归一定要给自己定好位，寻找适合自己的工作。第三，要及时调整自己的心态，让自己的思考和行为方式更符合中国的国情。第四，现在很多海外的大学都有中国留学生联谊会，建议大学生们不妨参加，因为其中有些早期回国的人可能现在已经做得很成功，如果你想回国发展，这将是一个很不错的人脉资源。第五，海归不要紧盯着大城市不放，广大的中西部地区，往往更能让海归一展身手。第六，许多跨国公司出于节约成本的需要，对海归并不“感冒”，现在青睐海归的多为民营企业，海归们可以考虑加盟民营企业，民营企业不会特别考虑成本问题，用人政策相对灵活，海归的薪水可能会是本土人才的数倍。

行业篇

360 行以外也有好工作

⊙ 职业是人创造出来的

⊙ 愿意接受挑战和承担风险

⊙ 不要盲目从事新兴职业

求职者档案：

赵轩，男，25 岁，北京人，2004 年 7 月毕业于首都经贸大学经济贸易专业，2005 年 5 月进入奥普逊（北京）顾问有限公司任星探。

说句实在话，本科生真是不好找工作，更何况那时候在学校里我是个各方面都很平庸的人，毕业以后一直找不到满意的工作，高不成低不就，这里干干那里干干，没有一份工作能让我找到感觉，心里知道这样混下去肯定是不行的。刚毕业的那半年基本上处在一种很焦虑的状态，完全看不到出路在哪里，那时候可自卑了，觉得大街上随便哪个人都比我强，不愿意和以前的同学有联系，悄悄将手机号码换了。

直到有一天，我在网上看到曾挖掘过“小甜甜”布兰妮和后街男孩的美国星探公司奥普逊公司落户北京，正在招聘星探的消息，立即填写了申请表。事后回想起来，我自己也觉得奇怪当时怎么那么快就决定去应聘这个从未接触过的新兴职业，似乎完全是一种直觉之下的行为。

不过现在回想起来我宁愿相信一个人和一种职业之间，一定有着某种神秘而奇妙的缘分，就像我为什么会去应聘星探，似乎是冥冥之中早就注定的——从小我就是一个对美很敏感的人，有时候走在街上或者是在餐馆吃饭，我总是能从许多人中一眼发现那个长相比较出众的，我会以一种纯客观的态度细细欣赏：这位气质不错，再稍瘦一些就更好了；这位很漂亮，就是化妆太浓了，反而掩盖了她本来的美……有一次我看见一个女孩子，穿着一套中式的白色长裙，可是脚上却穿了一双运动鞋！我恨不得上前拦住那女孩，告诉她这样穿看起来是极不协调的，之后这双搭配不当的运动鞋让我心里不舒服了很久……

我很快就接到了公司的面试通知。去面试的那天，接待我的是星探组的总监。我一看人家那种时尚、自信的样子就懵了，甚至有种自惭形秽的感觉——人家这样子才叫星探呀。我来瞎起哄做什么！但是令人意外的是我竟然通过了初试，也由此进入了一轮接一轮的复试。考试的内容包括：从一大堆俊男美女的照片中选出自己认为最棒的那位、仔细分析一张脸的优点和缺点、用一分钟时间和一位陌生人搭上话等等五花八门。这期间我曾经无数次的对自己产生怀疑，但我总是想起大学时导师对我说过的话："不管做什么，不管结果如何，你也要坚持到最后，这样即使结果不好，但最起码你能对所做的事有一个深入的认识。"

所幸的是我顺利通过了这些考试，公司领导层看中我的理由是：真诚、有活力，热爱生活，对美的事物很敏感。接下来就是为期一周的培训，培训的内容有很多：哪些人适合做平面模特，哪些人适合做促销模特，怎样建立别人对你的信任感等，但最主要的部分是学习各种规章制度。我做梦都没想到做星探要有这么多的约束：禁止星探与新秀私留电话和姓名；除非新秀主动握手，禁止和新秀有任何身体接触；禁止从身后拍新秀肩膀；禁止和新秀喝酒……

如此这般，培训结束的那天，我长长地松了一口气，以为终于可以上岗了，没料到公司主管告诉我：因为星探代表的是整个公司的形象——你必须减肥。

回想起那段减肥的日子，我总是用"不堪回首"来形容——每天早晨6点起床，开始一整天的运动：跑步、打网球、游泳、做仰卧起坐……饿了吃黄瓜、西红柿，渴了喝白开水，把自己折腾了近一个月，我成功减掉了12公斤的体重！这件事让我对自己的毅力有了一个全新的认识，也就此相信了梦想的力量的确可以创造奇迹。

就是这样一波三折，等拿到公司发的星探卡可以正式上班的那天，我已没有想象中的激动，只有油然而生的感慨：天哪，我终于可以将看美女当成工作了！

只是我很快就发现自己最初的欣喜是多么的幼稚。

第一次上街，公司特地安排了一位有经验的星探带着我。我们两个人从国贸走到东单，再从东单走到西单，来来回回走了六七个小时，眼睁睁地看着不少俊男靓女擦肩而过，我急得抓耳挠腮，可就是鼓不起勇气走上前去。眼看着这一天一无所获，师傅急了："这一天走也走了，累也累了，什么也没干你甘心吗?!"后来我发现了一个高大帅气的男孩，便咬牙切齿地对自己说："就是他了!"那短短的距离我不知道自己是怎样走过去的——"您好！我是奥普逊公司的星探，我觉得您气质不错，我们可以谈谈吗?"当我面红耳赤结结巴巴地说完这一段话后，谢天谢地，那个男孩子只是惊讶了片刻，随即微笑着说："星探？大陆也有星探吗?"那天晚上回到家里，我发现自己的脚板上鼓起了两个好大的水泡。

被拒绝、怀疑甚至是敌视成了家常便饭。最普遍的情况是没等我把话说完，对方就赶紧抱紧自己的包侧过身，一边用提防的眼神上上下下打量着我一边警觉地说："干嘛?!"总是被人当成流氓或是小偷的滋味是很不好受的，这是对心理承受力的一种挑战。通常我只要连续被拒绝三次以上，就会找一个咖啡馆安静地呆一会儿，喝杯咖啡，调整一下自己的心情再重新出发。

我最尴尬的一次经历是在八宝山烈士公墓，那天我看见一个女孩子穿着一袭黑衣提着一只黑皮箱独自走在遍布黄叶的路上，瑟瑟秋风将她的长发吹起，景象十分动人。我按捺住心里的激动走上前去说明自己的意思，没想到那女孩面无表情地说："请马上从我面前消失，如果你再多说一句，我会报警！"吓得我一迭连声的说对不起，然后仓惶而逃。事后回想起来，我认为可能是因为自己选的地点太不对又恰好那女孩心情不好的缘故吧。

碰壁的次数多了，我也慢慢摸索出一些门道来——比如要选对时间和地点，通常上午九十点钟和下午三四点钟是比较适合的时间，大型购物场所、咖啡馆是比较适合的地点；比如要能一眼看出对方的性情和心情，再迅速决定以哪种方式上前交流……经过一段时间的磨炼，现在的我无论何时何地，只要发现合适的人选，就控制不住自己要走上前去，即使被拒绝也在所不惜。我常常说自己的工作是没有上下班之分节假日之说的，每天一睁开眼睛，就处在了工作状态。这种职业习惯也给我的个人生活带来了一些麻烦，比如有时候我和自己心仪的女孩子一起吃饭，但我总是控制不住自己的目光四处搜寻，一旦发现有相貌出众的就情不自禁地目露亮光面露笑容。这副样子总是让女孩子误认为我一定很花心，常常一吃完饭，对方就冷冰冰地提出告辞："这段时间工作有些忙，我们可能没时间见面了，不过还是要谢谢你请我吃饭。"这还算是客气的，有的甚至在饭桌上就拂袖而去了。此类事件发生多次，所以毕业这么长时间了，我还没有女朋友呢！

不过能够顺利地和人交流只是星探工作的一方面，最重要的是要具备独到而专业的眼光，一眼能够看到某人身上具有某种抓人的气质和可挖掘的潜质。当然说起来容易做起来难，尤其是在中国大陆，星探这个行业是完完全全的处女领域，因而我没有任何前人的经验可以借鉴，也没有任何规律可循，一切都需要自己慢慢摸索。

有时候我一个月也没能发现几个有价值的新秀，就会反省自己的审美取向是否出现了偏差——普遍意义上的美女都必须是大眼睛、白皮肤、身材好，那么小眼睛的可不可以呢？皮肤黑的可不可以呢？即使有些长相不出众，但是有音乐、舞蹈等方面特长的可不可以呢？干星探这一行就必须具有颠覆和先锋意识。比如名模吕燕，按照传统意义上的审美标准，她不但不美，甚至算得上丑，但现在人家是国际名模是东方女性美的代表，所以第一次敢于启用她当模特的人是很了不起的。我自己也很想成为这样一位将美丽的概念拓展得越来越多元化、将“美丽”这顶桂冠尽可能更多地戴在普通人头上的人。什么是美？我个人的定义是：自信的，个性的，有内容的。

现在经我发现并且有良好发展的新秀已有不少，不过最让我得意的是发现奚辰华——那个在伊利和佳能广告中出现的男孩。那天我在对外经贸大学闲逛，奚辰华迎面而来，穿着一身白色的运动服，清晨的阳光打在他洋溢着笑意的脸上，一股青春的气息扑面而来。我心里一动，连忙上前拦住了他，这一拦改变了奚辰华的命运，使他不但成为许多知名品牌的代言人，还成了一家著名影视公司的签约艺人。

今天，我和那些经我发现的新秀已没有太多的联系，因为他们现在都很忙，这也是让我所期望和欣慰的。更多的时候，我只能在报刊和屏幕上看着那一张张自信而美丽的脸，回味着他们第一次映入自己眼帘时的惊喜，那一刻的感觉美妙至极。

因为这些人，使得我在星探这个圈子里小有名气，如今我最大的梦想是能通过自己的眼睛发掘出几位国际巨星。我希望在很多年以后，人们提起我的时候会说：赵轩，他是大陆星探行业的开拓者和引路人！哈哈，如果真的有那么一天的话，我会为自己感到骄傲的。

我的求职经验

* 新兴职业的存在既是机遇又是挑战，一定程度上是另辟蹊径，避开了火爆行业人才大军的锋芒，为很多毕业生提供了更加宽广的出路和更丰富的选择。
* 新兴职业也许能让你避开剧烈的求职竞争，但同时也预示着你要进入一个前无古人的领域，你将没有前人的经验可借鉴，一切都要靠自己摸索，对此你要有足够的心理准备。
* 不要盲目选择新兴职业，新兴职业潜力很大，会让大学生有更多的发展空间，但是却要经历

一个较为长期的发展完善过程，相对风险也比传统职业要大一些，要结合自己的特点，最好坚持与自身专业对口的原则。

* 随着经济越来越发达，新兴职业将层出不穷，平时要多关注这方面的信息。中华人民共和国劳动和社会保障部已于 2004 年 8 月建立新职业信息发布制度，已经发布 8 批共 86 个新职业，这些职业包括：体育经纪人、会展设计师、咖啡师、珠宝首饰评估师、调查分析师等。

* 任何新生事物都有一个让人接受的过程，很多新兴职业在最初的时候很可能不会被公众认可，所以从业者在相当长的时间内要耐得住寂寞，也要有勇于坚持的勇气，你能坚持到最后，就能获得成功。

* 随着新兴职业的不断涌现，也引发了新一轮的职业培训热，各种机构各种名目的培训繁多，大学生不要盲目参加，要仔细了解培训单位的背景和资质，以免上当受骗。

我给在校大学生的建议

由于很多新兴职业都需要一定的专业知识和相应的资格证书，持证上岗将是一种必然趋势。大学生可以利用在校期间积极参加正规的职业培训，然后参加国家统一的职业资格鉴定考试，以获得职业技能鉴定部门合法的、国家统一使用的职业资格证书。俗话说“技多不压身”，多掌握一些技能对你之后的求职会大有帮助。

专家访谈：

大学生要有一切归零的心态

受访者：奥普逊(北京)顾问有限公司人力资源部经理庞勇先生

卡：据您了解，现在从事新兴职业的大学生多吗？

庞：还是很多的，但是我发现这其中百分之八十的人都是抱着一种试试看的态度，或者说他们也都是把眼前的工作作为一个"过渡"亦或是"跳板"，很少有人会把自己所有的精力投入到一份新兴职业中，可能他们自己对这份新兴职业的前景也不是很有信心吧，所以也都在观望。

卡：您认为，如果一个大学生选择新兴职业的话，那么这个选择存在着什么样的利弊？

庞：先说利的方面吧。很明显的一点，是能够在一定程度上避开激烈的求职竞争。再一个，就是能很好地锻炼自己，帮助大学生发现什么才是真正适合自己的职业，比如他有可能学的是这个专业，但是他尝试新兴职业以后，会发现这个新兴职业更适合自己，让自己的职业生涯有个多元化的发展。还有一个，就是在这个行业你是最早做的，你只要能坚持下去，若干年以后，你就是这个行业的老大。弊的方面呢，说白了，现在新兴职业存在着一个叫好不叫座的状况，出现这种状况主要有这么两个方面的原因：第一个原因是市场宣传总是太过超前，这主要是某些培训机构的引导问题，这种宣传总会让人感觉迫切，觉得这些新兴职业市场需求比较大，而事实并非如此；第二个原因是缺乏资格认证体系，很多新兴职业都是从国外引进过来的，在国外已有四五十年的发展历史，而在国内还没有资格认证的体系，国内的认证体系还在完善和建设当中，国家的相关法律法规还没有出台，新兴职业要得到认证还需要比较长的时间。

卡：假设现在有一位在校大学生，他准备从事一份新兴职业，那么他需要做哪些准备？

庞：第一，一定要顺利毕业，这是最重要的，中国的行情就是你没有毕业证你什么都没有。第二，自己的专业不要放弃，不要一说准备从事新兴职业了，准备改行了，自己学的专业就完全丢了。第三，要敢于去尝试，不要害怕，年轻没有失败，一旦你害怕了有顾虑了，犹豫之间，很有可能这个机会就不是你的了。一般一件事情，你分析三遍以后，认为可以做，那就义无反顾地去做。第四，平时要注意搜集关于新兴职业这方面的信息。第五，要注意一点，你喜欢的职业，不一定是你适合的，最好是能找到既适合自己也是自己喜欢的职业，你可以去尝试，但是一定要有一个期限，三个月或者是半年，如果发现不适合自己，赶紧回头。

卡：目前在新兴职业领域里面，存在的最主要的问题是什么？

庞：最主要的问题可能是别人不认可，别人可能都不知道你这个职业是干嘛的，比如我们做星探的，在大街上一说是星探，还得和人家解释半天。说个笑话吧，有一次我就遇到一个人对我说："什么炭？我们也是搞煤炭的啊，我们是山西明星煤炭企业的……"当你身边所有的人都在说你从事的行业不靠谱的话，你的心是会慌的，这时候就需要你自己一定要有信念，要勇于坚持，要保持最初的热情，用你的热情去影响、感染别人。

卡：在实际工作中，您发现刚毕业的大学生在从事新兴职业的过程里最常犯的错误是什么？

庞：首先是对自己所从事的这份职业没有信心，对未来感到茫然，会因为一时的挫折而放弃自己最初的选择——如果你自己都没有信心，那么别人更不可能认可你的工作了，关键时刻要咬牙坚持住，其实有时候从失败到成功也就是那最后的几步路，如果你坚持走完了那几步，你就成功了。我发现现在的大学生的确是韧性不够，可能他们都是80后的一代吧，家庭条件都比较好，所以他们都是有后路的，有后路的人就不会勇往直前，一旦吃了一点儿苦马上就不干了，现在的大学生要学会自己把自己的后路断掉，要有一个让自己一切归零的心态，一无所有，一切靠自己去拼。

卡：在您看来，目前已经存在的这些新兴职业中，对于刚毕业的大学生来说，有哪些职业是不建议他们去从事的？有哪些是您鼓励他们去试一试的？

庞：有一些新兴职业是需要投资的，比如开一个宠物托管所什么的，这些都是需要本钱的，我不建议大学生们去从事。其他的，劳心劳嘴劳脑劳身的，无非就是这些嘛，只要不违背法律和道德，我觉得没什么不能从事的，年轻人，多一些尝试，多吃一些苦，多经历一些挑战，对自己将来是有好处的。

卡：如果一位大学生准备从事新兴职业，您会给他一些什么样的建议？

庞：在从事新兴职业的过程中，如果你有一些想法，和老板的想法不一样，要勇于创新，勇于坚持自己的想法，要想办法用老板能够接受的方式表达出自己的想法。因为说实话，新兴职业是没有多少过去的经验和规律可循的，大家都是在摸索中，老板也可能会犯错的。比如我们星探这一行，就有一个死规定，发现的新秀，女孩不能低于1.65米，男孩不能低于1.78米，但是我们在实际工作过程中，会发现有些人可能达不到这个标准，但是这个人其他方面的条件却特别出色，我们有些星探就会想办法去努力争取，事实证明，有些身高没有达到标准的新秀，后来也都有着很好的发展。还有一个建议就是，有时候不妨给自己的长辈一些善意的谎言，因为据我了解，家中的长辈一般都不赞成孩子从事新兴职业，他们总是希望孩子能够从事比较稳定、风险较低的职业，如果你和他们说实话，他们会很担心，也会给你制造阻力，所以不妨先不告诉他们，给他们一个慢慢可以接受的时间。

创业篇

创业是快乐的

- ⊙ 对创业有正确的认识，10万块钱可以创业，1万块钱也可以创业
- ⊙ 创业最好先从传统行业做起
- ⊙ 创业需要有一个好的心态

求职者档案：

申俊，男，25岁，河南濮阳人，2004年7月毕业于中国农业大学工商管理专业，2004年4月开始创业，现为北京青创联盟科技有限公司总经理。

我走上创业之路纯属偶然，记得是在上大三的时候，我参加了学校里的辩论赛，结果只参加了两场，就被刷下来了，那时候年纪小啊，觉得面子上很下不来，哼哼，你们不带我玩，我自己玩还不行啊，就去网上查资料，发现北大有个创业协会，但是农大没有，我就决定成立一个创业协会，

自任会长，会员最多的时候有 100 多人。那两年我将创业协会搞得有声有色，作名家论坛，请了好多知名企业家来学校作讲座，像李国庆啊王石啊，耳濡目染了许多创业知识。而且我发现做创业协会和做一个公司差不多，我们这个协会麻雀虽小五脏俱全，有办公室，有宣传部门，有市场部门，记得那个时候我们经常帮助一些企业在农大做商业推广活动，像美宝莲啊，脉动啊，做一场可以挣 1200—1500 元，很有成就感，这些经历让我对创业产生了浓厚的兴趣。

2004 年 4 月，我和几个同学一起弄了一个工作室，雄心勃勃想开发一套软件，我们一共七个人，我一人拿了 5000 多块钱，其他人每人 2000 块，凑了两万多块钱作为启动资金。

我们都是学工商管理的，对技术也不太懂，只能依靠农大信息工程学院的一位老师无偿地给我们提供技术支持，但是还是有许多技术问题解决不了，结果可想而知——这个工作室只坚持了三个月，就坚持不下去了。因为这个工作室当初是我挑头做起来的嘛，所以我想给大家一个交待，不想让大家的梦想就这样破灭，我说我们自己开公司吧。我回家对我爸说："爸，我想开个公司，需要 10 万块钱。"我们家是搞建筑的，经济状况不错，所以 10 万块钱对我爸不是什么难事，但是他还是不放心，公司开业的那天，我爸特地从河南赶到北京，那天很多农大的领导和老师都来了，我爸一看，还行，最起码有这么多人支持咱们，那就好好做吧。

由于我根本不能确定做什么能够赚钱，便索性什么都试一试，当时我们那个小公司里有五个部门，分别做软件开发、信息咨询、商务推广、数码产品和化妆品。创业最需要的是时间的积累，我用了半年的时间，最终发现软件开发这一行周期特别长、投资大、客户少，难度太大，便毫不犹豫地 Pass 掉了；信息咨询呢，帮大学生介绍工作什么的，很多人都在干，竞争太激烈，Pass 掉；校园的商务推广，这一行收入不稳定，也 Pass 掉；数码产品这一行原本是我抱的希望最大的，就是从深圳那边进一些数码产品，MP3 啊 U 盘什么的，卖给学生，没料到这些产品根本没有想象中的好卖，卖不出去的产品积压在库房里，那一年的数码产品价格又"哐哐"往下掉，结果这一行成了我赔钱最多的，没办法，只有 Pass 掉；最后只剩下化妆品做得还不错，于是我决定专做化妆品。

当时最初的 10 万块钱我已经赔得差不多了，和我一起创业的同学因为看不见希望都纷纷离我而去，最后公司里只剩下我一个人。我属于那种心态很好的人，要是别人遇到这种情况，恐怕早崩溃了，但是我是这么想的：赔钱这种事情，并不是说这些钱白白扔了，而是说你用这些钱换来了宝贵的经验、教训和经历，那这些钱就不算赔。为了鼓励自己，我将手机的屏保改成这样一句话：坚持坚持再坚持。

10 万块钱没了，化妆品这一块还需要投资，我又去向我爸要钱，我爸有些打不到底了：你这小子究竟在干嘛呢？后来还是我妈帮我说了话，我妈说你看那些有钱人家的孩子，打架、赌博，三天两头给家里惹事，咱家儿子虽然赔了点钱，但最起码是在干正经事儿，做父母的应该支持才对，一番话把我爸说通了。但同时我妈也和我说：再给你20万，多了没有，你能成就成，不能成赶紧回来踏踏实实找个工作。

自此我才算真正尝到了创业的艰苦，我从老家招了几个小伙子帮我取货送货，剩下的几乎所有的事情都是自己亲力亲为，电脑坏了我修，马桶坏了也是我修，办公室脏了我打扫，为了省下订盒饭的钱，我给公司员工整整做了一年的饭，我和他们开玩笑说：你们别叫我申总，哪个总经理像我这样啊，你们叫我小申就行了。

苦一点累一点对我来说完全不成问题，我真正面对的问题是：我对化妆品这一行是个门外汉，可以说是两眼一摸黑闯进来的，当务之急是要在这个行业建立起属于自己的人际网络。给我印象很深的是一位知名化妆品牌的经理，我第一次打电话给他要求合作的时候，他对我很不信任，只同意介绍他们的经销商给我，我不怪他，也不着急，试想谁会信任一个刚出校门的毛头小伙呢？我和这位经理一直保持着联系，每逢节假日发个短信问候一下，产品销售中出现的问题、顾客对产品的意见，我也会第一时间反馈给他，有时候还会帮他想一些好的营销方式，这样淡淡交往了将近一年，我们才正式见面。他对我说：通过这一年的交往，能感觉到你的实在、沉稳和真诚，而且肯动脑筋，是一个真的想做事情的人，我对你有信心。现在我已经和这位经理成了好朋友，并且成为了这个化妆品牌在北京地区的代理。他对我非常照顾，比如公司里即将有一个促销活动，他会立即打电话告诉我：申俊，这次进货你少进一点，等搞活动的时候你再进，那时候给你的价钱会实惠许多。他还介绍我认识很多其他化妆品牌的经理，让我在这一行能够站稳脚跟。很多人都以为这位经理对我这么照顾是因为我肯定给他回扣了，其实真的没有，我们认识到现在，一起吃过两次饭，还都是他请的。他总是说：创业不容易，我也是这么走过来的，所以我能帮就帮你一把。这一路走来我遇到的这样的贵人真是挺多的，能够赢得这些人的信任和友谊是比赚钱更让我有成就感的。

从刚开始做化妆品这一行开始，我就有一个信念：我是在做一份事业，而不仅仅是为了赚钱，我要以一个长远的眼光、不急不躁的心态来慢慢建立起自己在顾客当中的口碑，而不是做一个急功近利赚了一笔钱就跑的暴发户。所以我立下一个原则：绝对不卖假货。我们公司散发的宣传单上，清楚地印着公司的地址、电话、乘车路线，顾客遇到任何问题都能找得到我们，没有后顾之忧。另一方面，我真的把顾客当做自己的亲人，设身处地替他们着想。化妆品是一种比较特殊的商品，最好的化妆品也不见得适合每一个人，所以我总是建议第一次使用某个品牌化妆品的顾客一定要先试用，看看自己的皮肤是不是合适这种化妆品。有时候有些大学生来我们这里买化妆品，一次买很多，我会阻止她们：你们还是学生呢，一次买这么多，万一回去用了又不合适，我也没法给你们退，多浪费啊。时间长了，顾客就会感觉这个老板和那些唯利是图的老板不一样，他是真的在替我们考虑。这样子顾客会慢慢对我们公司有信任感。我深深知道开发客户的费用是留住客户费用的几十倍，所以我的想法是：决不流失一个顾客！只要一位顾客登了我们的门，我就要牢牢将她抓住。后来我又推行了会员制度，大概到2006年9月份的时候，公司的业务状况已经呈现出了一个良好发展的态势，实现了收支平衡。现在，我们的会员已经有1万多人了。

我们的一个会员，是一位女大学生，一直从我们公司买护肤品，她大学毕业要离开北京的时候，还给我写了一封信，在信里她说：一直以来，我都对自己的长相没有信心，可能是出于一种破罐子破摔的心理吧，平时我对自己的外表很不讲究，直到那一天，我在超市邂逅了你们公司的美容顾问，她非常详细地给我讲解了一些护肤方法，并且向我推荐了一款价格很合适的护肤品。我试着用了用，发现自己的皮肤变得光滑细腻了，而且从这个小小的改变开始，我觉得一切都发生了变化，可以说这次邂逅改变了我的外表和内心，也改变了我整个的生活，让我有一种毛毛虫变成蝴蝶的感觉……身为一名化妆品的代理商，能够接到顾客这样的来信，是很幸福的事情，这也更坚定了我要将这份事业做大、做久的信念。

现在，我女朋友也加入到我的公司，我们俩的分工很明确，她负责公司内部的管理和美容顾问，我负责市场开拓，我们的合作天衣无缝。因为有了她，我可以将大部分的精力投入到市场开发上，而且即使我人不在公司，我也很放心。

回顾自己的创业历程，几乎每一天都会遇到困难，但是如果你现在让我回想起都遇到过哪些困难，我一个都想不起来了，真的，我就是这样一个好了伤疤忘了疼的人，所以很多人都在问我创业的感受，我只有两个字：快乐！而且，创业是有瘾的，经历过创业的那种充满新鲜和刺激的生活，我已经不可能像我的同学们那样，每天朝九晚五地上班，我想，创业是我的选择，也将成为贯穿我一生的主线。

我的求职经验

* 刚开始创业的时候，最好选择传统行业。提起大学生创业，普遍有一个误区，好像大学生创业只能是做高科技的，或者新领域的，但是往往这两方面想要创业成功，概率真是低到了极点，第一，你的技术解决不了，第二，你没有那么多的资金投入。而传统行业普遍门槛较低，哪怕是去卖馒头、卖雪糕，都是创业。而且传统行业有一个好处就是：从业人员的素质都不是很高，作为一个受过高等教育的大学生来讲，一旦进入到传统行业，可以很快发挥出自己的优势，很容易在这一行崭露头角。就拿我自己来说，如果现在让我去创业，不是传统行业的

我还不做呢。

* 作任何决定，都要有备选方案。举个例子，在我刚刚做公司的时候，我就想好了，如果我的合作伙伴都离开了我该怎么办，所以后来他们真的离开的时候，我一点儿不慌，一切都在我掌控之中。
* 不要轻易求人，有些人只能有求一次的机会，那是救命的稻草，要把这一次机会用在最关键的时候。
* 踏实、务实。有些大学生创业，还没怎么样呢，就迫不及待地将老板的谱摆出来，那是很幼稚的。
* 不要好高骛远。创业之初，不要把企业的目标订得那么高，首先你让你的公司能活下去就行，活下来之后，才能谈到其他的。
* 找一个好的、和自己能够互补的搭档。
* 多做换位思考，多宽容别人，做人要厚道，不要轻易树敌，和气生财。
* 有个好的心态。
* 不要害怕失败，有些结果，虽然看起来是失败了，但是你从中可以学到很多宝贵的经验和教训，所以从整个人生的角度来看，你还是赚了。
* 学会自省。

* 不要急功近利，钱需要慢慢地挣，不可能一口吃个胖子，否则只有两个结果：你不是噎死，就是撑死。
* 不怕吃苦。
* 很多人都说你可以创业啊，因为你家里有钱，可以给你支持，我非常不认同这句话，有多少钱做多少钱的事情，两万块钱也可以创业，所以我对经济基础不是那么看重。

给在校大学生的建议

1. 不要盲目创业，最好选择适合自己的、并且自己熟悉的行业。
2. 如果你想创业，要想好究竟从事哪个行业，要尽可能多的了解这个行业。
3. 最好在大学期间就有些铺垫，可以先练练手，比如农大的那个创业协会就是我练手练出来的。

专家访谈：创业尤其需要有一个好的心态

受访者：北京大学学生创业中心主任助理段超先生

卡：据您所知，现在选择创业的大学生多吗？这部分学生主要出于什么样的考虑？

段：我个人的感觉，越是名校的学生选择创业的越多，比如北大的学生，学校里对他们的培养就是一个很多元化的培养，北大有个外号叫“百团大战”，就是说它的各种社团特别多，社会活动相当丰富，在这种环境里成长起来的学生，他的眼界会非常开阔，他的想法也会非常丰富，这样的学生就会有强烈的愿望把创业的想法变成现实。当然如果从总体的毕业生来说，选择创业的学生并不是很多，也就是占百分之零点几吧，但是这个比例是在逐年增加的。

至于他们出于什么样的考虑，我想创业学生应该是分两种吧，一种是生存型创业，是为了生存；一种是机会型创业，也许这个学生手里正好掌握了某种资源、渠道或者关系，而这些东西会为他带来比工作更高的收益。很好理解的原因是，大家都愿意给自己打工，不愿意受别人“剥削”，而且有一点，给别人打工总有退休的一天，但是如果自己有一份事业的话，可以持续经营、发展下去，为自己带来收益。

卡：在您看来，什么样的大学生适合创业？什么样的不适合？

段：大学生创业通常都不会是一个人，而是一个团队，那么适合创业的人首先要具备的是团队合作精神，其次是要果断，要具备对市场敏锐的直觉，可以把握机会。

不适合的人，我想最不适合创业的人是那些心态不好的人，患得患失、急功近利、急于求成，做一件事情，就想着圈钱，等着风险投资来投，或者想着被别人并购。还有些人确实没有什么资源，而且对创业了解得不多，可能也不太适合，不过这些都可以慢慢去积累去学，所以最主要的还是心态要好吧，要有一个很平和的心态。

卡：大学生创业有哪些优势、劣势？

段：劣势很明显：缺乏经验和社会资源。但是大学生创业也具备优势：大学生接受新鲜事物的能力比较强，比如高新技术这一块，三五年就是一代，这方面大学生创业的优势就很明显。

卡：因为大学生通常都没有钱，那么他们如果想创业的话，资金从哪里来呢？

段：的确，你注册一个公司的话，是需要有注册资金的，当然现在有很多代理公司会将一笔钱打到你的账上，等你注册完之后，它再把钱撤走，然后向你收取一定的费用。但是这个只是为了注册公司采取的权宜之计，事实上你的账上还是没钱,可是要创业的话处处得花钱,那么钱从哪来呢?

首先能够想到的方法就是自筹,向家人借,或者创业团队的人集资,每人凑一点。其次就是贷款,现在有一种团中央的贷款,是团中央和国家开发银行联合发起的,叫做“青年创业贷款”,这种贷款额度最高的可达500万,如果是特别好的项目贷款额度可以达3000万,主要就是为了帮助这些大学生创业者的;还有YBC项目,这是由团中央、中华全国青年联合会、中华全国工商业联合会共同倡导发起的青年创业教育项目,可以为创业大学生提供小额贷款,它的好处是它在给你提供贷款的同时,还会给你指派一位创业导师。还有就是找天使投资人,这种投资人主要是投资“种子期”的项目,当然在寻求天使投资人的时候,还是有一些需要注意的地方,如果我是一位投资人的话,我不会喜欢一位满嘴跑火车很会忽悠的创业者,重要的是你要将自己所做的事情描述得很清楚、找到自己的商业模式、对自己所做项目的市场前景有细致的调查,人家才有可能投你。以上这几种找钱的方法还算是比较靠谱的。

卡:大学生在创业过程中最经常犯的错误是什么?

段:大概有这么几方面:第一,重技术轻市场,或者他的想法不贴近市场,市场不认可他的理念,这就会造成创业者的自我怀疑——我究竟是不是一块创业的料啊;第二,社会经验不足,容易轻信,经常会被骗,我就认识一个创业者,他和一位客户一直合作得不错,后来有一次,他在没有收到对方货款的情况下,就把货和发票一起给人家了,结果人家拿到发票以后就不认账了,这就是典型的社会经验不足;第三,没有注意自己在团队当中的位置,没有注意自己还有多少说话的分量,很可能你的股份会被逐渐“稀释”,最后你就会被董事会给“踢”出去了;第四,不注意成本的控制,很多大学生创业者只注意开源,不注意节流,直接导致公司的利润率变低……

卡:创业历程可以给大学生带来的收获有哪些?

段:人生里有一个创业的经历,会让大学生有一个综合素质上的提高,松下幸之助曾经说过:做企业的过程其实是在做人。创业经历给大学生带来的收获很多都是做人方面的,比如人格更完善、心理承受力更强、意志更坚韧、考虑问题更细致更周到,等等。

卡:如果一位大学生想创业的话,他需要做哪些准备?

段:要选择好一个创业的方向,不要盲目选择,最好要做做市场调查。一般来说,大学生创业有几个方向是可以尝试的,比如文化创意类、文化交流类、咨询类、外包项目类、教育培训类、网络媒体类、电子商务类。大学生创业,对完全不了解的行业、手头没有相关资源的、不能很好把握市场的,最好不要去碰。此外,你要分析一下同行的情况、自己在这个行业中处于什么样的位置、怎么样去规避风险、要了解相关的政策等,还有最重要的一点是要建立自己的团队,建立团队的时候要选择价值观基本一致的人合作。

卡：在您接触的创业的大学生当中，成功和失败的各占什么样的比例?

段：就我们创业中心来说,失败的是少数,大概只占百分之三十。这些创业失败的主要原因大概有这么几个,一个是在研发阶段资金链断掉了,没有资金来支持接下来的研发;再一个是他的项目不贴近市场,产品卖不出去;还有一个原因是公司内部因为利益分配的原因解散。

后 记

我已全力以赴

很久以前了，曾经在一家电台做过一段时间的节目主持人，所做的节目在年轻人当中非常受欢迎。

有一天，一个男孩子来找我，说是我的听众，大学毕业快一年了，还没找到工作；想让我帮帮他。也许在他看来，一位小有名气的节目主持人给他介绍一份工作应该是不成问题的。

我很明白地告诉他，很抱歉，我没有这样的能力。他很失望，寒暄几句后即告别离开，他很瘦很高，11 月的天气里只穿着一件薄夹克，在大风里缩着身子——那样的背影，将一个初涉世事的男孩子的无助和彷徨表达得清清楚楚，也深深打动我的心。我急于要给他一些安慰，便走上前去，拉住他的胳膊柔声说："天这么冷，你应该多穿些衣服。"我的温和，让他一直努力伪装的坚强在瞬间瓦解，他的眼圈红了……

之后不久的一天，我上班经过传达室的时候，看见好大一束红玫瑰在静静地等着我，花间的卡片上写着：还记得我吗？那个求你帮助找工作的男孩！只是想告诉你，我已经找到自己喜欢的工作了，这束花是我用自己第一个月的工资买的。谢谢你的善良，祝你快乐！

我不知道，多年以后，我决定写这样一本书，和我收到的那束红玫瑰有没有关系。

写作这本书的过程，最大的收获是由此结识我的受访者，他们的出色、新锐、开放和阳光，给我留下了深刻的印象，让我相信好工作不是平白无故地掉在他们头上的，也让我一再地感慨：啊，原来我已经老了啊！

在对受访者的选择上，我刻意没有选择北大、清华之类的名校毕业生，这完全是因为我个人的价值取向——王侯将相，宁有种乎？我从不信仰任何名牌和出身，我只信仰踏实的努力、顽强的意志和梦想的力量，而这些受访者们，他们的求职经历很好地证明了这一点。希望他们的经历，也能够让那些来自普通大学的毕业生们多一些自信和勇气。

不过我远远没有预料到的是——这是一份如此艰难和繁琐的工作，尤其是在采访、写作的过程中，我的健康状况非常糟糕，经常感到不明原因的剧烈眩晕，那时候我最担心的事情是自己会在受访者面前晕倒，所以每次出门采访前都要为此在内心虔诚祷告。记得有一次，当我克服着阵阵袭来的眩晕做完了一次采访之后，在听录音时却发现不知道是什么地方出了问题，所谈的内容一句也没有录上。我的情绪彻底崩溃，那一天，我坐在午后寥落的咖啡店里，趴在桌上哭了整整三个小时。

然而即便是在哭泣的时刻，我内心的信念也没有动摇，那就是：既然我已经决定做这件事，那么不管怎样，我都要完成它。

好的，现在，我终于完成了它，可是我的内心丝毫没有感受到完成一项工作的放松和愉悦，相反我是那么的遗憾，我总是想：如果我的时间再宽裕一些，精力再充沛一些，那么这本书不会像现在这样在我看来存在着许多原本可以避免掉的不足。这遗憾如此真切地纠缠着我，分分秒秒不肯稍离，或许，我唯一能用来安慰自己的理由是：在当时的情况下，我已全力以赴。

如果我的努力能够给那些求职的大学生们哪怕是一点点的帮助，我会感觉非常值得。

感谢中国青年出版社的编辑李凌——如果没有你的信任、鼓励和督促，很可能我已放弃这本书的写作。

感谢钱江先生为本书作序——愿你闪亮的大光头能够给所有阅读这本书的人带来好运。

感谢我亲爱的朋友们：小雨、博阳、李钊、谢露露、华军、雪芹、钱卫、张军——如果没有你们所给予的有力、有效的帮助，我一定哭了不止那一次。

最后我要特别感谢本书的受访者——感谢你们愿意将自己宝贵的求职经历与更多人分享，从某种程度上来说，你们才是这本书真正的作者。

卡　玛

我的邮箱：sanalia@vip.sina.com

（京）新登字083号

图书在版编目（CIP）数据

谁说本科生找不到好工作/卡玛著.—北京：中国青年出版社，2008

ISBN 978-7-5006-7262-3

Ⅰ.谁… Ⅱ.卡… Ⅲ.大学生-职业选择 Ⅳ.G647.38

中国版本图书馆CIP数据核字（2007）第185334号

*

中国青年出版社出版 发行

社址：北京东四12条21号 邮政编码：100708

网址：www.cyp.com.cn

编辑部电话：（010）84014085

营销中心电话：（010）64010813 84027892

聚鑫印刷有限公司印刷 新华书店经销

*

700×1000 1/16 14.5印张 2插页 150千字

2008年1月北京第1版 2008年1月河北第1次印刷

印数：1–8000册 定价：20.00 元